# O elogio ao começo

G983e  Gutfreind, Celso.
 O elogio ao começo : o bebê, a criança e a aprendizagem / Celso Gutfreind. – Porto Alegre : Artmed, 2024.
 xviii, 158 p. ; 21 cm.

 ISBN 978-65-5882-241-7

 1. Psicanálise. I. Título.

CDU 159.964.2

Catalogação na publicação: Karin Lorien Menoncin – CRB 10/2147

# CELSO GUTFREIND

## O elogio ao começo

*o bebê, a criança e a aprendizagem*

Porto Alegre
2024

© GA Educação Ltda., 2024

*Coordenadora editorial*: Cláudia Bittencourt

*Capa*: Paola Manica | Brand&Book

*Preparação de originais*: Marcela Bezerra Meirelles

*Projeto gráfico e editoração*: TIPOS – design editorial e fotografia

Reservados todos os direitos de publicação ao
GA EDUCAÇÃO LTDA.
(Artmed é um selo editorial do GA EDUCAÇÃO LTDA.)
Rua Ernesto Alves, 150 – Bairro Floresta
90220-190 – Porto Alegre – RS
Fone: (51) 3027-7000

SAC 0800 703 3444 – www.grupoa.com.br

É proibida a duplicação ou reprodução deste volume, no todo ou em parte, sob quaisquer formas ou por quaisquer meios (eletrônico, mecânico, gravação, fotocópia, distribuição na Web e outros), sem permissão expressa da Editora.

IMPRESSO NO BRASIL
*PRINTED IN BRAZIL*

## AUTOR

**Celso Gutfreind** nasceu em Porto Alegre, em 1963. É escritor e psicanalista. Tem 48 livros publicados entre poemas, crônicas, contos infantojuvenis, ensaios sobre humanidades e psicanálise. Participou de diversas antologias no Brasil e no exterior (França, Luxemburgo e Canadá). Tem textos traduzidos para o francês, o inglês, o espanhol e o chinês, e seus livros *Narrar, ser mãe, ser pai* e *Tesouro secundário* foram editados na França.

Treze vezes finalista do Prêmio Açorianos de Literatura, foi premiado em 1994, com poesia e, em 2021, no gênero infantojuvenil. Recebeu outras diversas premiações, entre as quais se destacam: finalista do Prêmio Jabuti; o Prêmio Henrique Bertaso; o troféu Carlos Urbim, da Academia Rio-Grandense de Letras; o Prêmio Passo Fundo de Literatura; e o Livro do Ano, da Associação Gaúcha de Escritores, em sete oportunidades. Foi eleito patronável da Feira do Livro de Porto Alegre em seis ocasiões. Em 1996, foi escritor convidado do Clube de Escritores Ledig House, em Omi (Estados Unidos). Atualmente, é colunista da *Revista Estilo Zaffari* e da *Plataforma Sler*.

Como médico, tem especialização em Medicina de Família, Psiquiatria, Psiquiatria Infantil, mestrado e doutorado em Psicologia na Université Paris 13, e pós-doutorado em psiquiatria infantil na Paris 5. É psicanalista de adultos e crianças pela Sociedade Brasileira de Psicanálise de Porto Alegre, da qual é membro titular com funções didáticas.

Pela Artmed, publicou *A obra de Salvador Celia: empatia, utopia e saúde mental das crianças* (em coautoria com Isabel Celia, Norma Beck e Victor Guerra), *A infância através do espelho: a criança no adulto, a literatura na psicanálise*, *Crônica dos afetos: a psicanálise no cotidiano*, *A arte de tratar: por uma psicanálise estética*, *A nova infância em análise* e *O terapeuta e o lobo: a utilização do conto na clínica e na escola*.

"Descobrimos que os recém-nascidos possuem um poder discriminativo surpreendente – eles percebem diferenças mínimas entre os sons musicais e as formas melódicas, sobretudo quando emitidos pela voz da mãe."
Colwyn Trevarthen

"Eu estava sendo levado a uma busca pelos primórdios [...]"
Daniel Stern

"As vivências do *infans* constituem sensações sem nome, a ponto de ser necessário que um adulto lhe dê um banho de significações (sem afogá-lo)."
Victor Guerra

"Eu era tão criança e ainda sou."
Chico Buarque

"O tipo de coisa que pode ser debatida quando examinamos estes fenômenos iniciais não pode ser ensinada."
Donald Winnicott

"Crê-se saber que as depressões fundamentais que conduzem à patologia psicossomática e à dos estados limites se formam talvez na pobreza dessas interações precoces."
Serge Lebovici

"De certa forma, somos mais sinceros antes de falar."
Anônimo

"De todos os fracassos humanos, o do vínculo pode ser o maior deles. Não por estar acima dos outros, mas porque os outros decorrem dele."
O autor

"Nem os pais nem os professores. Há coisas que só a natureza pode ensinar."
José Ignácio Maya

# APRESENTAÇÃO
## O BEBÊ É SEMPRE UM (RE)COMEÇO

Entre o final de 2023 e o início de 2024, em um verão de Porto Alegre, fui lendo com calma as páginas deste livro. Veja bem, Celso fez o convite especial para que eu escrevesse as primeiras páginas para apresentar um livro sobre bebês. Que belo exercício metafórico dos rituais de iniciação pude viver. Falar dos inícios logo no começo do livro, na difícil tarefa de apresentar o mundo/o livro, sem dar *spoiler*, deixando que quem chega/quem lê possa se ocupar de atribuir seus sentidos à aventura de chegar ao mundo/de ler o livro.

Esta é uma obra "embebezada" e embelezada pela tentativa de falar sobre os bebês do jeito mais próximo possível que nossa subjetividade adulta consegue operar em relação à subjetividade dos bebês. É um livro com frases curtas, silêncio, ritmo e metáforas; com exercício de olhar profundo e brincante com as teorias e as epistemologias com as quais o Celso quis conversar; de suspensão de ideias e de provocações. É um livro escrito para todas as pessoas interessadas em conhecer sobre o mundo de quem chega ao mundo para dar continuidade a esse mundo.

Aliás, o que é o mundo? O mundo, este a que o bebê chega, também é o mundo que ele vai construindo a partir das suas experiências, da realidade mental e dos recursos simbólicos que nascem a partir dessa experiência. Costumo dizer que as crianças são pintoras de novas paisagens. Mas parte do que pintam é feita com tinta deixada por aqueles que chegam antes. Que grande responsabilidade a nossa adulta, ir construindo paisagens e deixando tinta para os recém-chegados poderem participar e também ir deixando suas marcas. Gopnik (2017) sintetiza muito bem esse debate quando discute a respeito dos paradoxos da aprendizagem que envolvem o modo como as crianças aprendem com os adultos. Dentre esses paradoxos, a cientista norte-americana menciona a complexa relação entre a manutenção da tradição e a abertura para a inovação. Para Gopnik (2017, p. 23), "não haveria culturas e tradições específicas a se transmitir se os seres humanos do passado não tivessem feito algo novo. Sem acontecimentos novos e sem precedentes não haveria história".

Para Goodman (1978), a noção de mundo está sempre ligada a um sistema simbólico particular, e não existe uma única visão correta ou objetiva de mundo. Em vez disso, o que consideramos verdadeiro ou real depende do sistema simbólico que usamos e das convenções que seguimos nesse sistema, daí que eu gosto muito da ideia de Jerome Bruner sobre construir novos mundos possíveis, no plural, com ênfase na nossa capacidade de agir. Aliás, Bruner (1997) também argumenta que a mente humana é capaz de criar diferentes formas de representar e conceber o mundo, e que essas representações podem ser tão diversas quanto a imaginação permitir. Em outras palavras, o mundo não é simplesmente "dado" a nós, mas é construído por meio de nossa imaginação, nossas experiências, nossas interpretações, nossas expectativas e nossas crenças.

Ainda falando sobre os recém-chegados, Arendt (2007, p. 43), no final da década de cinquenta, escreveu sobre o inesperado do ser humano, ao tratar da natalidade, dizendo que:

> o milagre da liberdade está contido nesse poder-começar que, por seu lado, está contido no fato de que cada homem é em si um novo começo, uma vez que, por meio do nascimento, veio ao mundo o que existia antes dele e continuará existindo depois dele.

Aliás, aqui reside uma ideia importante a respeito dos recém-chegados ao mundo: a coragem e a capacidade de interpelar o mundo, de agir no mundo. Se quisermos recorrer à filosofia, podemos evocar novamente as palavras de Arendt (2007) para tratar da ação como uma das atividades humanas fundamentais que, juntamente com o trabalho e o pensamento, constituem as atividades que definem a condição humana. Agir é uma atividade que envolve a interação com os outros e é orientada para a criação de algo novo e imprevisível com um impacto no mundo compartilhado. Diferentemente do trabalho, que tem um objetivo definido e que produz resultados tangíveis e duráveis, e do pensamento, uma atividade solitária e reflexiva, o agir é uma atividade pública e voltada para o presente (Arendt, 2007). O agir, segundo a autora, é o que torna possível a vida em comunidade, pois é por meio do agir que os indivíduos se encontram, se reconhecem mutuamente e constroem uma vida política.

Estou falando disso porque, ao longo deste livro, Celso conta sobre um bebê que age, que faz esse esforço constante de fazer parte, de participar e se integrar e entregar ao mundo. Por isso, acho importante pensar que a construção do sentido de comunidade que as crianças fazem no dia a dia é feito a partir das experiências e das brincadeiras que vivem em casa, nas creches e nas pré-escolas, na pracinha, nos museus. A construção do sentido de comunidade é uma experiência aberta às múltiplas possibilidades que cada criança tem para ser e estar no mundo. É no agir no mundo que as crianças vão constituindo o sentido do eu e do nós. Aliás, Arendt (2007) entende que o agir é um ato de liberdade que permite que os indivíduos transcendam suas necessidades e seus interesses individuais e se envolvam em projetos coletivos. É através do agir que os indivíduos se tornam capazes de criar um mundo compartilhado e de fazer história.

Sobre este último argumento, criar um mundo compartilhado e fazer histórias, Bruner (1997, 2006) destaca que a narração e as histórias são uma das principais formas pelas quais os seres humanos dão sentido e significado ao mundo ao seu redor. Celso vai fazendo isso ao longo deste livro, mostrando suas histórias com os autores e os amigos que o ajudam a olhar e dialogar sobre/com os bebês. Faz isso também através da poesia, recorrendo ao ritmo das palavras para tentar ficar próximo aos ritmos dos bebês.

Celso usa a expressão "o bebê, esse poeta, inventor de linguagens" e poetisa ao longo de todo o livro ensaios, reflexões e convites, inventando também linguagem para (res)significar sobre a aprendizagem dos bebês. Gosto muito do jeito pelo qual Celso escolheu contar sobre a relação entre o adulto e os bebês, recorrendo a conceitos fundantes para as diversas áreas do conhecimento. Com histórias e imagens que vai criando, ora ocupa o papel do bebê, ora o papel do adulto. Uma bonita forma de integrar a subjetividade das crianças em um livro que trata sobre elas.

Antes de terminar, quero falar um pouco mais sobre a narração. Outro dia eu estava relendo um livro do Krenak (2019, p. 26-27), cujo título já é bem instigante, *Ideias para adiar o fim do mundo*, e me deparei com uma frase daquelas que te obrigam a parar:

> Nosso tempo é especialista em criar ausências: do sentido de viver em sociedade, do próprio sentido da experiência da vida. Isso gera uma intolerância muito grande com relação a quem ainda é capaz de experimentar o prazer de estar vivo, de dançar, de cantar. E está cheio de pequenas constelações de gente espalhada pelo mundo que dança, canta, faz chover. O tipo de humanidade zumbi que estamos sendo convocados a integrar não tolera tanto prazer, tanta fruição de vida. Então, pregam o fim do mundo como uma possibilidade de fazer a gente desistir dos nossos próprios sonhos. E a minha provocação sobre adiar o fim do mundo é exatamente sempre poder contar mais uma história. Se pudermos fazer isso, estaremos adiando o fim.

Eu acredito com muita força nas palavras de Krenak. E sempre que releio esse trecho, penso imediatamente em duas coisas: a primeira, é que vejo nas crianças essa pequena constelação da qual fala Krenak, de gente que canta, dança e faz chover, que celebra o prazer de estar vivo. Também vejo os pais e os professores de crianças como aqueles que dançam e cantam junto com elas, ou que criam as condições para elas poderem fazer isso. E a segunda coisa é que, se uma das formas de adiar o fim do mundo é poder contar mais uma história, o Celso está nos ajudando nessa missão. As bonitas histórias deste livro nos ajudam a receber os recém-chegados e a adiar o fim do mundo que apresentaremos a eles.

Paulo Fochi
**Professor e pesquisador (Unisinos)**
**Fundador do Observatório da Cultura Infantil (Obeci)**

# REFERÊNCIAS

Arendt, H. (2007). *A condição humana*. Forense Universitária.

Bruner, J. (1997). *Realidade mental, mundos possíveis*. Artes Médicas.

Bruner, J. (2006). *La fabbrica delle storie: Diritto, letteratura, vita*. Laterza.

Goodman, N. (1978). *Ways of world making*. Hackett.

Gopnik, A. (2016). *The gardener and the carpenter*. Farrar, Straus and Giroux.

Krenak, A. (2019). *Ideias para adiar o fim do mundo*. Companhia das Letras.

# PREFÁCIO EM PROSA E VERSO

**Verso**

Uma coisa
Outra coisa
Um momento

Um fato
Outro fato
Outro momento

Uma história
Outra história
Fora e dentro

Fragmento
De gente,
Porém

De repente, o outro
Junta tudo em um
Fio de sentimento

## Prosa

Quando perguntei a ela, no primeiro ano de sua análise, como havia se sentido na viagem da qual retornava com o filho, ela pediu para eu não atrapalhar o seu relato e o retomou cronologicamente.

No quarto ano de análise, ao voltar de uma nova viagem, antes de falar, ela começou a chorar.

# SUMÁRIO

Apresentação: o bebê é sempre um (re)começo     ix
Paulo Fochi

Prefácio em prosa e verso     xv

Introdução     1

1   Bebês e infância: (des)enlaces da escolarização     11

2   O que o bebê quer da literatura?     91

3   Era uma vez e é ainda: o conto na ressignificação da aprendizagem     97

4   O brincar e a subjetividade: ou isto ou aquilo     109

5   Não duvides: Édipo foi matriculado na tua escola     115

6   Entre evidências e fantasmas: em defesa de uma escola poética     123

7   O conto e a escola: uma experiência de abertura ao outro   129

Conclusão desconcluída   139

Posfácio – A história da escola importante   143

Adendo de posfácio – A garça e o aluno   145

Referências que ensinaram   147

# INTRODUÇÃO

O título deste livro conversa com um de seus capítulos, o primeiro, resultado de uma espécie de inventário do meu aprendizado sobre bebês, que iniciou com a especialização na Universidade de Paris, ministrada por Serge Lebovici, nos anos noventa.

Depois, participei como docente das disciplinas sobre os bebês, no Ciclo da Vida, Universidade Luterana do Brasil, capitaneadas por Salvador Celia e Odon Cavalcanti Carneiro. A Universidade brasileira e a francesa, aliás, eram conveniadas.

Como professor e pesquisador (do mestrado de Saúde Coletiva), adentrei teorias e, em especial, pesquisas-ações em torno da primeira infância e dos bebês. Eles, afinal, sacodem e reinventam na prática todas as teorias.

Já como psicanalista, jamais deixei de analisar o bebê no adulto, participando ativamente de encontros e publicações da Associação Brasileira para o Estudo dos Bebês, capitaneada por Regina Orth de Aragão. E vou citando nomes, pois uma matriz de apoio (Stern) me sustentava desde o começo. E vou citando nomes para prestar contas a uma história, espinha dorsal que sustenta o que somos.

Mas a parte principal disso não está no que a gente leu e, sim, no que viveu. A propósito, Pontalis (citado por Lebovici, 1987, p. 76) tem uma observação exemplar: "De início, a se manter à espreita do que se passa no quarto das crianças – que se fique na porta ou que se faça uma entrada – arrisca-se bastante a não ouvir senão o ruído de seu próprio discurso interior".

Em 1965, quando eu tinha dois anos, meus pais e um casal de amigos saíram, à noite, em uma Kombi, para a zona sul de Porto Alegre. Na Cavalhada, foram abalroados por um bêbado que vinha na contramão e, como Kombi não tem para-choques, os estragos foram grandes. A mãe quebrou o nariz e precisou operá-lo, várias vezes. Minhas recordações do episódio ficaram no folclore familiar, em que contam que passei um ano me escondendo embaixo da mesa da cozinha para não ver o rosto inchado e disforme da mãe, uma – Édipo e modéstia à parte – linda mulher. Bendita amnésia dos dois primeiros anos, mas o triste episódio lembra que um psicanalista (de bebês) estava a caminho.

Para além de um trauma pessoal precoce – e quem não os tem nessa vida? –, entre tramas e desdobramentos, estou propondo que todo terapeuta e analista deve ser também um analista e terapeuta de bebês, já que começou a se formar, de maneira indissociável, pessoal e profissionalmente, em experiências vividas na primeira infância. Se não o for direto, que o seja reconstituído, bebendo nas fontes.

Também não me parece à toa que dois de meus três analistas tiveram formação em psicanálise infantil e lidassem diretamente com bebês. Um único, não, mas é especialista em poesia, ou seja, lida também.

Ao longo dessa trajetória e após alguns livros sobre a clínica de crianças, pensei que faltava sistematizar o cruzamento dela com os bebês e a escola, palco frequente de nossas intervenções extramuros, na psicanálise da infância. E o faço sob os ecos da ciência que estudei, com as marcas da arte que vivi, com o poeta que cada vez mais fui sendo, embora já fosse antes.

Valho-me ainda da condição de autor de livros infantis, há anos frequentando colégios e testemunhando na prática a importância de brincar em torno da literatura como forma de fomentação do desejo de ler e aprender. Com o perdão da redundância, o desejo de ler e aprender é o alicerce da aprendizagem.

O primeiro capítulo é fruto da participação como convidado em uma pós-graduação de psicologia escolar, destinada a refletir sobre a importância dos começos da vida na ulterior aprendizagem. Fui designado professor "inspiracional". Com menos pretensão, busquei tão somente integrar aqueles que me inspiraram e transmitir o que aprendi: não há aprendiz que não tenha sido tocado por seus mestres, definição maior de uma aprendizagem, esse processo da passagem do sentir e do saber. Tento ali dar voz ao bebê, embora nem sempre consiga. O texto coloca o foco narrativo nos primórdios, com uma intenção de estranhamento, mas também de verossimilhança, sugerindo que, no contato com cada bebê, o nosso próprio (de dentro) é resgatado e costuma falar mais alto, como observamos na contratransferência da clínica, em todas as idades, tema frequente neste livro.

A minha própria releitura apontou uma confusão entre a voz do bebê e a do adulto; ao final, a confusão foi mantida, por parecer significativa de ser verdadeira em nossas vidas de adultos crescidos arrastando seus bebês. No mesmo sentido, há fragmentos que seguem as livres e erráticas "associações" dos começos, com direito a relatos de vinhetas de adultos, lá onde seus bebês reaparecem cristalinos, na transferência e na contratransferência. A lição parece esta: enquanto um adulto vive, seu bebê não morre, e convém escutá-lo para viver.

Com o tempo, diferentemente dos mestres – Lebovici, entre outros –, fui atendendo menos bebês: devo ter sido um mau aluno, mas nem por isso não tenho algo a dizer. Sobre o começo da vida, por experiência própria, todos temos muito a dizer.

Dessa forma, este livro alcança certa ênfase em recuperar o bebê no adulto para reaprender. Não há (re)aprendizagem que não se dê com o nosso bebê transferenciado, já que ele é o nosso maior aprendiz. Tal escolha deve-se também à suposta importância clínica da aparição posterior dos primórdios. Ao contrário do fim e sua essência de acabar, os primórdios são eternos enquanto duramos.

Há, ainda, no primeiro capítulo, entre outras surpresas formais, fragmentos, sonhos, analogias, desdobramentos, em um clima de soltura, pois lembremos: o ponto de vista é do bebê, ou seja, de onde se começa a ver o mundo. "Ver o mundo", aliás, é o título de um belo livro de poemas (Hecker, 1995).

Chamei ali "fragmentos de desdobramentos" as possibilidades de resgate das interações precoces e dos tempos fundantes de uma pessoa, na transferência do analisando, junto à contratransferência do seu analista.

Os demais capítulos foram pinçados e reescritos a partir de publicações em revistas, como a *Pátio – Educação Infantil*, ou estavam dispersos em livros anteriores. Convergem como construções em torno dos contos e defendem a ideia da importância da formação de um leitor e sua relação com a capacidade de aprender. Remetem ainda ao valor da arte nesse processo. Toda aprendizagem passa por uma (re)leitura, e a oportunidade de contar histórias se sobressai na escola como na vida.

Agora todos esses textos estão juntos, na mesma casa de carne e papel, tentando mostrar o quanto o começo das interações humanas será fundamental para a capacidade de aprender, hipótese principal deste livro. Na clínica, afinal, observamos começos. Resgatamos começos. Relançamos começos. Tal qual a forma das três frases precedentes, começos tendem a se repetir e, tal qual os versos do poeta Quintana (2005), o passado desconhece o seu lugar e vive se intrometendo no presente.

Por isso, na forma de aprender conteúdos, imprimi certa tonalidade poética, entre o estilo propriamente dito, e poemas em si, a maioria escrita por mim. Até o prefácio é poético, com a estrutura de uma prosa sustentada pela poesia, como costuma ser no desenvolvimento de nossas vidas. Assim o fiz para não trair a essência do que mais tento como autor, mas também porque – hipótese aqui norteadora – está na poesia adquirida, ao longo das interações, o estoque de espaço do que depois estará aberto à prosa da aprendizagem: "Pois se eu tou com ele / encaro todo mundo" – cantou João Bosco, referindo-se ao seu cavaquinho como fonte da coragem na ficção da música.

Na realidade da vida, estar com a poesia (dos primórdios) é o que mais nos permite depois encarar o (todo o) mundo. Ela é, para todos nós, o cavaquinho do João. A poesia, afinal, é uma arte que acontece "entre". Musical, sonora, ritmada, as suas palavras inusitadas soam para o outro, sempre disponível para o estranhamento e a vinda do familiar. Ela ocorre entre um e outro, como uma ponte ou um verdadeiro compartilhamento da beleza, fruto de interações com reciprocidade, termo bastante utilizado na descrição entre pais e bebês: "As expressões vocais estão organizadas em palavras verbais e são afetadas por uma musicalidade espontânea tão significativa quanto as palavras." (Trevarthen et al., 2019, p. 83).

A primeira arte – a expressão vocal –, canal fundamental da interação, dá-se sob a forma de poesia. Tem dança, toque, mas a voz ali é soberana. O poético é o " 'germinal' da língua... é o início original de uma separação que é, todavia, reunião com o perdido. O trabalho poético está muito perto da palavra inconsciente." (Gómez Mango, 1999, p. 13).

Paz (1982, p. 15) atribui à poesia a "condensação do inconsciente" e a possibilidade de que dialogue com a ausência, alimentada pelo tédio, pela angústia e pelo desespero. Não se refere diretamente ao começo da vida, mas atribui ao poético o tempo primitivo (a originalidade), o que nos permite fazer a aproximação: "No poema a sociedade se depara com os fundamentos do seu ser, com sua palavra primeira." (Paz, 1982, p. 50).

Sob os ecos desses autores e de tantos outros, não seria qualquer palavra que poderia nos sustentar; desde o começo, é a expressão poética que nos salva da destruição inconsciente. Ela é que traz a impressão experimentada na primeira infância. Para Canetti, a verdadeira tarefa dos poetas é promover vias de acesso entre as pessoas. (Pizarnik, citado por Lisbôa, no prelo). É o que faz a mãe-poeta com a sua poesia. A poesia, aliás, é a palavra com o foco na prosódia; por isso, remete ao começo. Ela é a forma artística literária mais precoce ou arcaica de representação. Com o perdão da redundância, é ela quem melhor representa o começo. Em meio a tantas tarefas comezinhas necessárias, iniciamos a vida, sobretudo, de forma musical e poética.

Por isso, não economizei versos e, se abusei deles, peço desculpas à ciência e ao leitor. Espero não ter ficado enfadonho com a arte. Nem sempre os poemas são comentados e jamais são explicados, pois estão ali sem pois nem porque, tão somente com o intuito de representar um modo de interação que, mesmo às vezes complicado, simplesmente é. Substantiva, a poesia inicial é a mãe de nossos adjetivos adquiridos e secundários a ela. Se cada poema é único e a técnica de um não valerá para o seguinte (Paz, 1982), pensamos que cada interação é única, irrepetível, e a imagem poética é a que melhor a representa.

Há, igual e diversamente, um fio em busca da criatividade em torno de todos os capítulos, por acreditar que o bebê cria o mundo (Winnicott) e, portanto, o mundo da aprendizagem. Bebês evocam, de fato e em ações, um clima de criação e invenção que paira acima de toda decifração ou de qualquer enquadramento (Parlato-Oliveira, 2023). A poesia é a menos verbal e a mais musical das artes literárias, por isso tão bem representa esse período em que, apesar de pré-verbal, um bebê já é capaz de fazer uma profusão de associações e até mesmo de representações.

A poesia é a linguagem mais próxima da comunicação de antes da palavra, já que a linguagem, no começo, está centrada no som, no corpo e na melodia, onde já é (Gratier, 2017). Em sintonia, Winnicott (1971/1975),

INTRODUÇÃO 5

em um de seus ensaios mais célebres, quando descreve o papel de espelho do olhar materno para o bebê, destaca a delicadeza dessa fase inicial, bem como seu aspecto "não verbalizável", que só poderia, segundo ele, ser "verbalizado" através da poesia.

A poesia e o seu paradoxo: a um só tempo, feita de palavras e quase sem elas (infante). Mais balbucia do que diz: "A poesia nasce no silêncio e no balbucio..." (Paz, 1982, p. 288). Mais soa do que traz sentidos. Mas quem ouve-lê encontrará tantos quantos precisar. A linguagem pré-verbal é musicalizada, com características rítmicas, melódicas, vocais (Trevarthen et al., 2019), como se a falta de sentido (verbal) fosse compensada pelos sons, seu alicerce. O bebê, aliás, é um especialista em sons, ritmos, poesia: "Os recém-nascidos são atraídos seletivamente pelas 'narrações emocionais' ou por 'histórias contadas pela voz humana' e ficam excitados ao brincar com uma 'peça' que tem ritmo." (Trevarthen et al., 2019, p. 71).

Acompanhamos aqui um importante fenômeno: a ciência, com pesquisas sistematizadas, atesta a importância do poético para o desenvolvimento do bebê. No mesmo e diverso tom, vou acrescentando, em ritmo de associações livres, fragmentos de observação do cotidiano, desencadeados pelo tema. De certa forma, a psicanálise retorna ali à arte de onde veio.

Outro ponto: se uso e abuso de poemas (vários feitos especialmente para este livro), é porque as minhas identidades de professor e de pesquisador se sustentam diante da de poeta, que é soberana. Salva-me, talvez, ser o bebê o maior de todos os poetas (Golse) e, certamente, o primeiro: "O bebê é uma criatura inventiva, criador de sentidos e de interação com os outros – através de gestos, de expressões faciais, às vezes pela voz, mesmo se ele ainda não fala a língua" (Trevarthen et al., 2019, p. 15).

Acrescente-se que o poeta é um buscador de voz: lírico, quando busca a sua própria; épico, se busca a alheia. Já o psicanalista evoca a mistura de observar a voz alheia, emprestando a sua, por um tempo. O tempo de uma análise, lírica e épica. O tempo de uma aprendizagem.

McDougall (1983) aponta o paradoxo seguinte: no fundo de cada adulto, a mesma criança que é causa do seu sofrimento psíquico é também a fonte da arte e da poesia da existência. Psicanalistas, sob esse ponto de vista, aproximam-se dos poetas e, se não o fizerem, vão se afastar do que mais importa.

Falando agora como bebê, essa poesia do começo é tão importante que o adulto onde moro tem falado dela em seus livros de ensaios. Nos próximos parágrafos introdutórios, seguirei dando a palavra a mim como bebê.

Outro ponto importante, entre a forma e o conteúdo, é que pinçarei os assuntos de olho na aprendizagem. Tudo a ver comigo: para eu existir, ou seja, construir a minha própria subjetividade, a partir das outras (de que dependo no início), preciso aprender a minha história.

A poesia, subjetiva por essência, é aqui muito importante para mim. E me faz lembrar das noções do poeta Octavio Paz: ao lado da religião, é justo a poesia a maior das tentativas de abraçar e descobrir a alteridade, revelando a nossa condição humana. Por isso, minha mãe precisa tanto dela para me fazer um outro: "A experiência poética é o abrir das fontes do ser." (Paz, 1982, p. 189).

A minha própria consciência é a subjetividade. A sua adaptação ao outro se chama intersubjetividade; ela é que me traz a consciência de mim e me torna sociável. E ambas são fundamentais para o meu desenvolvimento. A psicopedagoga Alicia Fernández utiliza aqui a feliz expressão "agente subjetivante" para esses cuidadores de que dependo para me subjetivar. Subjetivar-se(me) é o caminho que leva a ser.

Agora devolvo a palavra ao adulto para encerrar a introdução, porque eu não gosto de finais, mesmo que ainda estejam longe da minha vida e deste livro. Mais tarde, retomarei diretamente a palavra, e vocês terão tempo (assim espero) de estar mais comigo.

Em meu livro anterior, *O lugar dos pais (na psicanálise da criança)*, tratei dessa presença tão importante (para a clínica e a técnica) da intersubjetividade nas relações entre a criança e seus progenitores. Abordei ali a necessidade fundamental de incluí-los no tratamento dos filhos, baseado na complexidade de suas recíprocas influências, relançadas no aqui e agora.

Como intersubjetividade defino, basicamente, uma consciência do outro, com uma relação marcada pela coordenação das motivações de cada um (Trevarthen et al., 2019). Ou, de maneira mais poética, o processo que contém o maior dela, o amor, este reconhecimento de que há existências para além de nós mesmos e elas nos atraem. Mais ainda, elas nos constituem.

Uma das interações, veremos, é a linguística, mas isso vale para outras, como a fantasmática, quando o que é inconsciente nos pais deságua, de forma invisível, nos filhos. Para aprender e conhecer, tudo de que precisamos, no começo, é um corpo, um ambiente e uma história (Golse, 2006). O mesmo autor enfatiza que o encontro entre um adulto e uma criança é um espaço de relato, em que essa precisa ouvir histórias e aprender a contar a sua própria para aquele: "Cada vez que nossos modelos psicológicos ou psicopatológicos esquecem a história, nós corremos o risco de uma violência teórica redutora e altamente prejudicial" (Golse, 2006, p. 291). De forma que, em torno dos bebês, há todo um clima de aprendizagem, que (quase) se completa, se houver poesia. Não o destruir ou mesmo construí-lo é o grande desafio. Nisso, mãe e pai são uns artistas. Fazem com arte e como a arte. Inventam e mostram, com seus conteúdos, o que o bebê sente e só poderia ser representado de modo artístico. Emprestam-se com a forma de seus aparelhos humanos de pensar e de sentir (Bion). Depois, fazendo jus à sua boa arte, deixam-nos sentir por si. Por nós, para sermos criativos para sempre: "Todos podemos ser artistas si conservamos el niño que vive en nosotros".*

Há dois fios que unem os sete capítulos; um, a hipótese norteadora de que a qualidade da vida emocional do bebê (suas interações, portanto) será decisiva (mas resgatável) na posterior capacidade de aprender. Dois, que a poesia e o ritmo os deflagram. Eis os conteúdos que repetimos, como uma espécie de mantra, ao longo de todo este livro. Varia tão somente a forma com que os abordamos em cada capítulo.

Há hoje um grupo enorme de teóricos, clínicos e pesquisadores do mundo do bebê, incluindo diversas abordagens, entre as neurociências, a psicologia do desenvolvimento e a psicanálise.** Ou entre o corpo e a alma. Ou entre o cérebro e o coração, sempre em busca de integrá-los na pessoa. Conversamos com vários deles e, antes de desembocarmos em nosso próprio modo de abordar o tema, destacamos, por razões de afinidade, três em especial: Daniel Stern, Bernard Golse e Victor Guerra, pois também escrevemos em companhia.***

Stern é um dos grandes precursores desse campo, influenciador de toda a turma e capaz de integrar as diferentes abordagens. Dificilmente algum estudo contemporâneo escapa da influência de seus achados e conceitos sobre um tempo aparentemente perdido. Golse foi meu professor na Universidade de Paris, desde o tempo em que se tornava uma celebridade nessa

---

\* Inscrição na Fundação Pablo Atchugarry, Maldonado, Uruguai.
\*\* Já houve, e ainda há, muita controvérsia entre elas, mas fiquemos com a sabedoria aberta e tolerante de Lebovici (1987), um dos primeiros psicanalistas a propor uma interdisciplinaridade que considerasse os cuidados e as interações, aqui e agora, e a criança recomposta, de olho entre o que se passa nos corpos e as fantasias maternais.
\*\*\* Gómez Mango (1999), referindo-se à escrita de Freud.

área, autor de inúmeros artigos, livros e conferências internacionais. Prefaciou, com poesia, um de meus livros para a infância (Gutfreind, 2004). A ele, devemos a retomada da noção de que os processos de desenvolvimento do bebê ocorrem no cruzamento do biológico e do relacional, o que já vinha sendo reconhecido pelos trabalhos ainda precursores, nos anos oitenta: "Se a conduta humana é ligada a certos aspectos de seu funcionamento neuro-hormonal, pode-se dizer, sem risco de erro, que a riqueza das trocas nos imensos lagos sanguíneos feto-placentários deve produzir importantes efeitos na mãe e seu futuro filho." (Lebovici, 1987, p. 263).*

Victor Guerra, falecido precocemente, foi um grande amigo; compartilhávamos o estilo poético para a ciência e, de certa forma, fomos construindo juntos as nossas descobertas, ele mais sábio e estudioso do que eu. Devo ao Victor grande parte do meu entusiasmo com os bebês. De certo modo, continuo aqui transformando a falta que ele me faz.

Paradoxalmente, este livro não pretende ensinar. Por mais que se abra a outras e diversas abordagens, foi escrito por um psicanalista-poeta. Por isso, tão somente (?) mergulha no conhecimento da aprendizagem emocional e cognitiva do bebê, a fim de que possamos encontrar alternativas específicas para cada criança (re)encontrar o prazer de aprender, alicerçado no seu tempo fugaz e duradouro de bebê.

Destinado a todas as áreas que envolvem a clínica, a educação e a pedagogia, ou seja, apontadas para o começo da vida, tentamos trazer alguma luz pessoal a verbos tão necessários em nossa coletividade: evoluir, crescer. Compreender como uma pessoa pode transformar outra pessoa, pois só o outro o faria, daí a poesia surgir antes para ser, durante e depois, fundamental ao exercício da metapsicologia.

---

* Lebovici, mestre de Golse, é hoje, com Sylvain Missonnier, um dos grandes estudiosos de uma psicanálise pré e perinatal.

# 1

# BEBÊS E INFÂNCIA: (DES)ENLACES DA ESCOLARIZAÇÃO

## PRA COMEÇO DE CONVERSA DO COMEÇO

Sou um adulto com tendências científicas, mas fui forjado pela arte.* Por ser adulto, trago em mim todas as idades, como disse um poeta forjado pela ciência (Hecker, 2014).

Está no bebê a grande possibilidade de integração: arte-ciência, corpo-alma, objetividade-subjetividade. Uma vez crescido, encompridando o corpo e a alma, fica mais difícil, embora não impossível, encontrar o fio.

Por isso, darei a palavra ao bebê que há em mim. Sobretudo ao bebê que há em mim, pois foi ele que começou, e começos são decisivos. Depois de ele falar bastante e crescer um pouco, darei a palavra à criança e ao adulto, com ele ainda por dentro.

Estou mirando a capacidade de aprender, mas tentarei ser um pouco mais amplo. A aprendizagem é mesmo um processo vasto, interminável.

---

\* Aqui o bebê começa com a palavra que, só de vez em quando, será emprestada ao adulto, antes de ser devolvida.

Os começos decidem, definem – nossa hipótese norteadora –, mesmo que possa haver resgates importantes ao longo do caminho.

Claro que me baseio em estudos de psicanalistas e de desenvolvimentistas, entre outros, mas, se não inferir, não inventar, não posso falar de mim, já que eu não falo. Não falo explicitamente, mas podem acreditar: tenho uma individualidade, desde que nasci, e já a tinha, mesmo antes.

Aos dois meses, consigo olhar olho no olho (durante séculos, não viram isso), sorrir, vocalizar, representar – é o auge da minha socialização –, mas, antes disso, já tenho minhas preferências. Depois dos seis meses, eu me interesso pelos objetos e pelas coisas.

É o que as pesquisas mais recentes mostraram: no começo, estou preocupado com a minha regulação fisiológica, mas já tenho alguma individualidade, ainda que sem consciência (aqui há controvérsias).

A minha ideia é mostrar poeticamente o quanto a minha vida foi decisiva para que a criança que me sucedeu pudesse aprender. E o quanto a poesia (a arte) foi importante nisso. A tal dupla de hipóteses basilares que o adulto em mim evocou na introdução.

O título de um dos livros principais do Stern (1992), uma de nossas fontes, não é *O mundo do bebê* ou *O meu mundo*. É *O mundo interpessoal do bebê*, ou seja, ele está dizendo, desde o começo, que o meu mundo em si não existe. Ele surge como uma grande ponte entre eu e as pessoas. É um mundo entre. Um mundo compartido. Eu, de fato, não existo sozinho (Winnicott). Daí o título deste capítulo, resultado de uma disciplina de mesmo nome, ministrada pelo adulto que há em mim, para o curso de Pós-graduação em Psicologia Escolar e da Educação, organizado pela UOL EdTech e a PUCRS. Esses são os conteúdos.

Na forma, estou indo praticamente frase a frase, pois – lembre-se – quem está com a palavra é o bebê, ou seja, eu: parcial, fragmentado. Palavra de bebê ainda é pouco e muito, senão toda, sustentada pela música. Cadenciada. Sincopada. Balbuciada.

Por isso, de vez em quando, utilizarei algum poema, essa palavra sustentada pela música. E, como precisa muita sustentação, utilizarei, na verdade, muitos poemas. Entre a música e a palavra, a poesia é a arte literária que mais me representa (uma de nossas hipóteses). Além disso, o adulto que me guarda tornou-se – diz ele – um poeta. Mas toda mãe – e pai – são poetas da vida mesma, fora dos livros; caso contrário, não teríamos acesso ao mar subjetivo em que estamos mergulhados, e de onde voltamos à tona para sermos nós mesmos, para além da biologia, graças ao que é subjetivo.

Sei que há ficção na verdade que tentarei contar, mas sou feito disso mesmo: objetividade e subjetividade, corpo e alma, realidade e ficção, células e não sei o que..., desde que haja amor, porque convém juntar o que estamos chamando de subjetividade com o que podemos chamar de amor. Faz sentido: quanto mais investem em mim (amor), mais imaginação (imagens em ação) posso produzir: "Eu estou, em amor, no ponto mais alto da subjetividade." (Kristeva, 1988a, p. 25).
Eu não sou a matemática. A ficção sustenta a minha realidade. Preciso considerar tudo isso para aprender, inclusive, matemática.

## UM POUCO DA MINHA HISTÓRIA

Se, individualmente, tenho pouca história (sou bebê), coletivamente eu tenho muita. Nem sempre boa: saibam que, durante séculos, fui pouco valorizado. Pouco olhado, pouco compreendido.

A expectativa de vida que eu tinha era pouca. Faz sentido. Nesse caso, haveria pouco apego para não haver muita dor, quando me perdessem. E como me perdiam! Por causa dos sentimentos, pensadores importantes me ignoraram, e houve – Rousseau, Descartes – quem até abandonasse alguns de nós pelo caminho. Eu, afinal, valia pouco. Hoje, eu valho um bocado.

O bebê cultural já é, para o bem e para o mal, um tesouro (Golse). Mas já havia antes a ciência que esboçava estudar-me e, para ela, eu era um ser incompetente. Não sei se o sentido soa correto, mas ele é infelizmente verdadeiro: as minhas competências eram ignoradas. Para aquela ciência, eu era um ser subcortical, e levou séculos para deixarem esse sub: "Recentemente, entretanto, descobriu-se que os bebês são, de fato, humanos, embora adequadamente infantis." (Winnicott, 1999, p. 63).

Eu sou mesmo cortical. Córtex, corpo, coração. Não duvidamos mais disso. Mas, no século vinte, já sob o conhecimento da psicanálise, ainda teve psicanalista importante dizendo que eu era autista. Mahler et al. (1993), por exemplo, deixaram um legado imenso sobre o meu trajeto para me separar e me individualizar. Nisso ela estava correta e continua até hoje: meu maior desafio é me individualizar. Mas ela errou ao dizer que tive momentos autistas. Não tive e não tenho. Nunca fui isolado. Desde que fui feito. Desde que fui feto. Perguntem a Bick, Soulé, Golse, Missonnier, aos que me observam e me estudam lá onde mais importa, antes da teoria. Perguntem aos pais que estão comigo, na prática. Perguntem a mim. Já como feto, eu buscava o outro, no que chamam (Golse e Missonnier) de "intersubjetividade primária". Ok, eu ainda era narcisista, arcaico, parcial. Mas já era eu. É só olhar para um bebê. É só olhar para mim. Eu chegava a reconhecer a voz materna, guardá-la na memória, buscava o outro para ser:

> Poder-se-ia dizer que, se alguém ali se encontra para juntar experiências, confrontá-las, sentir e estabelecer distinções entre os sentimentos, ficar apreensivo no momento adequado e começar a organizar defesas contra o sofrimento mental, então é possível afirmar, como faço, que o bebê É... (Winnicott, 1999, p. 33).

Através das minhas competências, eu sempre buscava a interação. Os adultos é que pouco viam. Sou e sempre fui um ser relacional. Em um congresso, quando foi homenageada pelo que viu, Mahler foi criticada pelo que não viu. Vê errado, hoje ainda, quem separa o meu corpo da minha alma. Sou a prova viva dessa junção que tanto ocupa os filósofos como eu e os mais crescidos. Vê errado quem não me vê como indivíduo, o que já sou, desde os primórdios. Vê errado quem não me vê no contexto de uma interação com os outros: a vida psíquica de cada um desempenha um papel no equilíbrio da família (Lebovici, 1987).

Faz séculos, essa integração é tentada e, talvez, estejam em mim os melhores resultados da tentativa; afinal, em nenhuma outra fase do ciclo vital fica tão claro o quanto tudo nasce no corpo e depois se expande, de forma abstrata, inclusive para a capacidade de abstração. Gosto de lembrar que aprender é abstrair, a partir de uma concreta ignorância. E, para isso, lanço mão de minhas competências inatas (muitas) que serão (todas) depois estimuladas pelas interações, em encontros com qualidade.

Em certo sentido, a minha vida se desenvolve em uma dupla ancoragem, entre o corpo e o relacional (Golse). Começo explorando o mundo "através da ação física, sugando, tocando, apertando, cheirando, mordendo, engatinhando e experimentando diferentes sensações." (Cairuga et al., 2014, p. 10). Assim me representarei e representarei. Cada dupla, amparada em uma matriz de apoio, será única. O adulto traz a sua capacidade de harmonizar-se afetivamente (Stern), a sua personalidade, a sua infância (partes infantis), a sua capacidade de se identificar regressivamente comigo. Mas eu também trago o meu temperamento, e, por mais incrível que possa parecer para vocês, trago experiências precoces:

> Neste sentido, o encontro entre o adulto e o bebê é eminentemente específico, original e representa um espaço de relato onde o adulto "conta" algo de sua história infantil e o bebê, em conjunto, "conta" alguma coisa de sua história primeira. (Golse, 2006, p. 110, tradução nossa).

O brasileiro Krenak conversa com o psicanalista francês:

> As crianças, em qualquer cultura, são portadoras de boas novas. Em vez de serem pensadas como embalagens vazias que precisam ser preenchidas, entupidas de informação, deveríamos considerar que dali emerge uma criatividade e uma subjetividade capazes de inventar outros mundos – o que é muito mais importante do que inventar futuros. (Krenak, 2022, p. 100).

De tais observações podemos pensar que a interação evoca sempre a dupla, em uma criação única e original daqueles dois. Só daqueles dois, sustentados por muitos outros. De certa forma, é o que se reproduzirá em todos os amores seguintes, únicos, originais, sustentados por amores precedentes, de olho em amores futuros.

Observamos também o quanto se trata de um trabalho de historiar. E uma história precisa ser contada, desde o princípio. Talvez aqui caiba uma palavra de gratidão a Rank (2013), pioneiro ao reconhecer que já tenho algo a sofrer e a ser, muito antes de me implicar no Édipo. Mas chega de prosa, pois esse começo é mais próximo da poesia. Por isso, dê-lhe ela para se instaurar o processo do meu desenvolvimento:

> Não, não há orelha
> há orelha e braços
> há braços e ventre
> sob o sol e a sombra

> todos são parelhos
> há tendão e há pomo
> há pomo e estômago
> que engole os fogos
> depois da garganta
> na escuta inteira
> sangue água ossos
> a ânsia dos nomes
> que chamam somente
> se há ouvidos mil
> em um corpo todo*

O poema pode ser meio pobrinho – eu sou muito exigente –, mas toda poesia, seja qual for, forja a riqueza da minha alma. A minha alma vem dela, da empatia de sua melodia voltada a estender uma ponte para o encontro e a prosa que o contará depois. Isso só foi identificado no século passado. Ali se desconfiou de que ela, a alma, nascia no corpo, como a galinha do ovo, ou vice-versa, mas no corpo em contato com outros corpos e outras almas. A tal da intersubjetividade: "Quando a mãe se aproxima do seu bebê, ela o faz por meio de seu corpo, que é corpo transfigurado. Não é simplesmente um organismo biológico, é um corpo banhado por inúmeros encontros, desencontros, signos socioculturais, pela vida dos ancestrais." (Safra, 1999, p. 46).

Para isso, preciso contar com uma abertura para o outro, base da subjetivação (Guerra, 2022). Um corpo sustentado, primeiro, por uma mãe ou figura materna, sustentada, por sua vez, por um pai ou figura paterna, sustentados por toda uma comunidade e suas figuras diversas, dispostas ao acolhimento.

Gente importante bancou isso: uma primeira-dama nos Estados Unidos, um combatente do Apartheid na África, povo que entendeu o quanto, para me entender, precisaria sentir o que era uma interação sustentada por um outro sustentado pelos outros. Observar-nos, portanto, significa observar-me junto com a minha mãe. Observar-me sozinho é perder o sentido da ópera. Envolto em um silêncio mortiço, não estaria analisando o ser barulhento que eu sou.

Flamant refere-se aqui a uma análise "bidirecional", Soulé fala de negociações, Kestemberg, de investimentos recíprocos, e Angelergues utiliza o termo interconstruções (citado por Lebovici, 1987). Todos convergem

---

* *Mil ouvidos*, poema inédito.

em que não sou isolado. Resumo da ópera: eu venho de mim e do outro. Eu venho de mim com o outro.

Um sujeito-outro fundamental para mim foi um inglês chamado Donald Winnicott. Talvez por ter sido pediatra antes de se tornar psicanalista, logo ter trabalhado com os nossos corpos e as nossas mães com as suas e as nossas almas. Winnicott (1965/2002) chegou a cunhar aquela frase célebre a meu respeito: eu não existo sozinho. E não existo mesmo.

Arrisco saber o que ele quis dizer com isso: quem me visse sozinho não estava só me vendo, porque, para chegar até ali, precisei do materno, do paterno e do comunitário sustentando o paterno e o materno. Sou filho do paradoxo: intimidade e multidão. Comecei com meu corpo – minhas habilidades e competências – provocando o outro para o outro me forjar até que eu pudesse me forjar por si. Por mim, enquanto eu também influenciava e reforjava o outro. Em linguagem mais técnica (que eu não gosto muito), minhas competências precisam do outro para ativar os processos de subjetividade e simbolização. Em linguagem mais poética, "Com este canto te chamo, / porque dependo de ti." (Mello, 2023, p. 54).

Peço desculpas pelas noções – indispensáveis –, mas deixo claro que ninguém me ajuda tecnicamente. Nem teoricamente, daí a poesia. Precisa antes pôr a mão na massa da experiência (sentida, compartida) comigo. Precisa pôr a mão em mim. Olhar-me. Ouvir-me. Segurar-me. Embalar-me. Sujar-se. Limpar-me na prática para sujar-se outra vez. Os desenvolvimentistas e os neuropsicólogos vêm provando isso com pesquisas instrumentais, aqui e agora, bem como construindo escalas sobre a qualidade das interações com os adultos (Brazelton, Ainsworth) e os adultos em si (Main).

Os psicanalistas, em modelos teóricos que recompõem a minha vida ou a observando simplesmente, chegam às mesmas conclusões. Ou quase às mesmas. E o fizeram antes, como que prevendo a importância dos primórdios ou da dependência e o ultraje disso à psicanálise "clássica", mostrando clinicamente o quanto há mutualidade na experiência mãe-bebê (Winnicott, 1994).

## A HISTÓRIA CONTINUA, MAS JÁ SOU UMA PERSONAGEM COMPETENTE

Brazelton (1981; Brazelton & Cramer, 1989) foi mesmo um precursor dos precursores. Reinventou a pediatria, nos anos sessenta, ao me considerar uma pessoa, desde o nascimento. Tenho competências sensoriais, competências motoras, competências sociais, competências mnésicas, competências cognitivas, competências epistemofílicas (Stern, 1992). Repeti de propósito a palavra competência. É meu estilo e conteúdo – tenho ambos. Vivo e venho do ritmo. Sou fruto da música, da poesia, da repetição, alicerce da novidade. Criar-me é buscar um estilo, propósito maior, mais tarde, da análise de um adulto.

Não se discute mais a minha capacidade de discriminação sensorial: posso me habituar a estímulos, ficar mais ou menos vigilante para me regular fisiologicamente e participar com minha mãe da homeostase (regulação), de acordo com as minhas necessidades (fome, sede, etc.), e me apaziguar.

Possuo uma organização psiconeural bastante coerente e capaz de controlar o tempo e a forma como executo meus movimentos corporais. Com isso, faço reajustes dinâmicos, conforme a expressão do outro, mesmo se prematuro, mesmo se intraútero (Trevarthen et al., 2019), sob a sintonia do ritmo e do tom (Stern, 1992).

Para isso, tenho no meu corpo um inventário de ações com os olhos, as mãos, a boca, a cabeça. Mediadas pelo tom e pelo ritmo, o mundo de minhas trocas com meus cuidadores apresenta um modo lúdico de expressão, no colóquio entre o cientista e o artista (Trevarthen et al., 1992): "Não nego que exista uma relação indubitável entre a respiração e o verso: todo fato espiritual é também físico." (Paz, 1982, p. 362).

É arte, e a arte, sem função premeditada – arte pela arte –, é o grande estimulante da vida (Nietzsche, 2017). Aqui a maneira como a minha mãe reage (ou interpreta) às minhas ações e reações – se de forma mais ou menos tranquila – é fundamental, vendo-me como pessoa única, diferente até dos meus irmãos, podendo exercer a sua função de paraexcitação, protegendo-me do excesso de estímulos, contendo minhas angústias e me abrindo para o mundo: "É graças a sua sensibilidade e à adequação de sua interpretação e das respostas que ela (a mãe) reenvia que a interação pode se desenvolver de maneira harmoniosa ou, ao contrário, tensa e caótica." (Stoleru citado por Lebovici, 1987, p. 100).

As interpretações de minha mãe guardam um poder metafórico. E, já nos primeiros meses, deflagram fantasias em mim: "O gesto de uma mãe e o que se pode sentir, como observador, é menos importante que o significado afetivo que ele comporta para os dois parceiros da transação." (Lebovici, 1987, p. 223).

Vê-se que os afetos, soberanos, são a parte principal de tudo. Em meio a eles, alguns de nós serão mais consoláveis; outros, menos. É muito importante saber que as mães, com suas próprias angústias, participam desse grau de consolabilidade e, mais tarde, quando formos crianças maiores, a mesma importância terão os professores. A ênfase aqui não está em mim ou na mãe, na criança ou nos professores, mas no que se passa entre nós: "O destaque é posto sobre o *elo* existente entre o comportamento do bebê, concebido como comunicação, e a resposta da mãe, e vice-versa." (Stoleru citado por Lebovici, 1987, p. 146).

Assim estaremos de olho se há ou não reciprocidade, se há mutualidade ou disritmia. Não é um ou outro. É um e outro, o par, a dupla, na qualidade de sua dança, da poesia entre ambos. Sabemos que a precocidade do contato mãe-recém-nascido é importante para o laço de fixação dele resultante. Ou seja, estou muito atento e sentindo de forma decisiva, emblemática.

No meu nascimento, já consigo ver formas complexas, a 20 cm de mim e, aos quatro meses, a minha visão é como a de um adulto. Gosto e audição eu já tenho quando feto, esta já na vigésima quarta semana, quando – pasmem – sou mais capaz de ouvir a música do que a palavra (Lebovici, 1987). Tenho olfato nas primeiras horas de vida e, pasmem novamente, melhor do que o de uma criança (Lebovici, 1987). Se fosse um autor – e sou –, diria até que tenho um estilo próprio, aquele que me fez ficar repetindo a palavra competências. Eu posso imitar, sincronizar. Eu posso até lembrar. Se mais jovem, imito para promover o apego. Se mais velho, para expressar o meu prazer diante dele.

Eu posso olhar e faço muito uso disso. Eu posso conversar do meu jeito, com esboços de conversas (protoconversações). Reajo aos movimentos, aos outros olhares, às palavras do outro, e isso já com algumas horas de vida, convidando esse outro, a meu modo, para continuar as trocas. Eu sou o fruto delas. Tendo a me harmonizar, e a desarmonia me afeta profundamente. Tenho prazer em aprender: "A mente humana é, desde o início, motivada para a aprendizagem 'psicológica' cooperativa, ou seja, a proficiência de uma interpretação de indícios sociais ou interpessoais no decorrer de trocas sociais, inteligentes e recíprocas." (Trevarthen et al., 2019, p. 46).*

---

\* Isso precisa ser levado em conta, mais tarde, em situações de aprendizagem, onde e quando o ambiente se mostra fundamental para que eu me relance em aprender, conforme retomaremos.

É bom lembrar que uma competência não surge da transmissão direta de um conhecimento, mas sim de um estímulo (afetivo, imaginativo) para desenvolvê-la (Moisés, 2019). Eu nunca poderia me forjar verdadeiramente por mim, tipo *self made baby*. A dança e a poesia me unem ao adulto para que representemos melhor. E assim vão – vamos – fazer, se o *self* não for falso. Por mais que não tenham me olhado de verdade, eu sou, sim, verdadeiro.

## A POESIA, WINNICOTT E EU

De certa forma, sempre dependi do outro para continuar sendo, cada vez mais de forma relativa – disse o Winnicott; eu o resumo, pois não vim aqui para trazer noções e, sim, a poesia de onde vim para poder chegar à prosa: "Poesia é quando a palavra desaparece. No seu lugar, algo toma forma" (Silvestrin, 2013, citado por Duclós, 2013).

Esse algo sou eu. Alguém. Ou, dizendo de forma poética, nós – a poesia e eu, o bebê –, viemos da véspera da palavra (ainda não aparecida), nas interações carnais, ruidosas, poéticas, balbuciantes pais-bebês, fazendo o que só a poesia poderia: dizer o indizível do inconsciente. Dançar. Só depois vem a prosa, que não virá, se não foi sustentada pelo poético dos começos. A prosa com a sua lógica, processo secundário, envelopado: ela mais marcha do que dança (Valéry citado por Paz, 1982). Eu e a poesia dançamos.

Lembro-me agora de que o adulto onde moro ofereceu, certa feita, um curso chamado "A poesia como ego auxiliar frente à prosa do id".[*] Agora entendi o que tentei ensinar para ele: a poesia é a maior das paraexcitações que podemos encontrar. A grande sustentação do berço. A base do começo, onde, através do ritmo, mais do que da palavra – poesia –, fomos contidos em nossas agonias primitivas (Winnicott) ou de desmantelamento (Meltzer): "Os ritmos são os núcleos organizadores dos sistemas simbólicos ulteriores." (Korff-Sausse, 2005).

Se "a poesia é o estado rítmico do pensamento" (Moisés, 2019, p. 190), a ideia vem aqui no sentido contrário: sem o ritmo, o pensamento não se criaria. Ele é o agente de sedução que convoca as palavras: "Ele é a fonte de todas as nossas criações." (Paz, 1982, p. 71). As palavras e tudo mais,

---

[*] Comunicação interna, Congresso da Febrapsi, Campinas, 2023.

incluindo o amor que se construiu antes delas: "Quem inventou o amor / teve certamente inclinações musicais." (Azevedo, 1981).

Pinedo (2023), em seu trabalho sobre a função do ritmo na relação pais-bebês, retoma os pesquisadores para ressaltar que esse ritmo está a serviço de buscar ajustamento e harmonia, no jogo entre a abertura objetal e o retraimento narcísico. A partir dos trabalhos de Victor Guerra, a autora ratifica que a música (o ritmo) é a base da subjetivação, logo, da constituição do bebê como sujeito. Eventuais disritmias do encontro intersubjetivo primário costumam provocar falhas na subjetividade, logo, no desenvolvimento. É sobretudo o ritmo que compõe o *self* de um bebê e o leva a representar um tempo subjetivo, que é abstrato, diferente do que vinha vivendo até então, concretamente, com a duração (Safra, 1999).

Estudioso das relações de objeto, Gurfinkel (2017) chama essa nova perspectiva de "intersubjetivista", ou seja, mais atenta ao que ocorre "entre", a cada encontro do bebê com o outro, do que à dimensão intrapsíquica, enfatizada nos estudos analíticos iniciais, incluindo Freud. Quanto a ela, a poesia, é a subjetividade em si (de si ao outro), o que emerge e transcende a concretude fundamental do mundo de um bebê, marcado pelos cuidados, mas que precisa ir além. O poético é o subjetivo, decorrente do intersubjetivo. O além.

Para que a linguagem possa surgir, os fluxos sensoriais precisam encontrar esse ritmo, algo presente intuitivamente na voz da minha mãe e acompanhado pela minha comunicação analógica ou pré-verbal, incluindo a dança das minhas mãos: "A chamada linguagem pré-verbal é um fenômeno estético." (Safra, 1999, p. 47). O que será, mais tarde, verbalmente narrativo foi antes esboços de narrações, com gestos, sorrisos, prosódias. Mãe e bebê são, respectivamente, maestros um do outro, fazendo-se um ao outro, e sustentando uma sincronia necessária (Golse & Amy, 2020).

Faço aqui uma hipótese de psicanalista. E de poeta. O gênero poesia é um dos mais difíceis no mercado editorial. Considerado marginal, costuma vender pouco, provocando resistência em editores e leitores. No entanto, estamos vendo com os nossos autores que viemos do ritmo e da poesia. Sim, mas justo aí está a hipótese de que a dificuldade remete a nossos primórdios, quando poesia e ritmo envelopavam as agonias iniciais.*

---

\* Schopenhauer, citado por Nietzsche (2017), evocava a possibilidade trazida pela arte de emancipar-se da vontade, o que é, convenhamos, uma das principais aproximações de Freud com a estética (Freud, 1914/1996a; Gutfreind, 2019).

Por mais importantes que sejam, apontam para elas, daí a resistência de reencontrá-las. Uma resistência em comum ao arcaico presente em mim, bebê, e na minha poesia. O paradoxo: não desejamos retomá-los, em meio ao indizível e às suas agonias, mas precisamos para nos relançarmos. Talvez, por isso, a maioria de nós deixa de ser poeta (e ilustrador) depois que cresce. Arte e poesia nos resgatam da concretude paralisante, ao menos fazendo-nos expectadores.

Há exemplos dessa teoria prática da conspiração na história da vida e até da psicanálise. Rank, em 1924, escreveu uma carta a Freud, afirmando que a relação mãe-bebê ocupa lugar destacado no desenvolvimento da pessoa, o que, segundo ele, suplantaria o Complexo de Édipo em importância: um tratamento analítico deveria enfatizar "os subprodutos traumáticos dessa relação." (Padovan citado por Rank, 2023). A nosso ver, atitudes pioneiras como essa foram também responsáveis pela resistência e pelo ostracismo que o autor enfrentaria no movimento psicanalítico. Os psicanalistas de bebês e da infância também são com frequência malvistos; pelos seus colegas, inclusive.

Deixando o contexto e voltando ao tema, passo de raspão por algumas noções como a necessidade de uma mãe suficientemente boa (Winnicott, outra vez) para que eu vingue. Para tanto, ela precisaria oferecer uma sensação e uma vivência de continuidade, de me fazer sentir sendo, utilizando todos os canais que tiver para isso: *holding*, ou contenção, *handling*, ou manipulação, apresentar-me os objetos, sem deixar de dispor de uma preocupação (materna) primária, espécie de loucura normal de focar-se em mim, no começo da vida, para que eu possa continuar sendo na continuidade: "Sei que sou porque já fui", canta o poeta Mello (2023, p. 45).

Também cabe à mãe – Winnicott ainda – iludir poeticamente e desiludir prosaicamente. Ilusão-desilusão, entrar-sair da poesia. A poesia é a mais louca das artes literárias. Vi muitos de nós sucumbirem por falta dela. Vi muitos de nós sucumbirem por falta de ilusão. E vi outros tantos, por falta de desilusão. Narcisismo demais, narcisismo de menos (Freud): "Puta, que tragédia desaba sobre nós / Logo depois que a ilusão tem voz" (Zé, 2014). Fora da canção, na vida prosaica em si, depois da voz da ilusão, haverá de fato uma tragédia se não houver uma desilusão feita de serenidade, de acolhida, e da oferta de palavras e outros objetos transicionais para lidar com a falta. Se não houver a construção de símbolos.

O que eu mais gosto do Winnicott, se é que dá para escolher algo em sua vasta obra toda destinada a mim, é ele haver entendido o quanto eu continuo, vida afora. O quanto o crescimento me carrega e não me solta. Não há tanta cesura no desenvolvimento (essa é do Freud, como veremos). O quanto ser maduro é relativo. Winnicott percebeu que eu tinha um medo do colapso, da desintegração, do sentido da realidade, da capacidade de estabelecer relações, quando diziam que eu nem sentia nada. Acreditam que, lá atrás, pensavam que eu nem sentia dor nem precisava de anestesia? Não, ninguém se livra de mim. Nem aprenderá, se não me levar em conta: eu sou o início, o fim e o meio (Seixas, 1974).

O incrível – Winnicott ainda – é que levo para o resto da vida este funcionamento sensitivo-sensorial arcaico, mas, com essas palavras mais (in)exatas, quem o disse foi o Bion (1962, 1963), retomando o Freud (1926/1996b), com aquela célebre ideia de que não tem tanta quebra (ele disse cesura) na minha vida, depois do nascimento. De certa forma, sou eternamente relacionado ao outro, enquanto vivo. A poesia do começo seguirá ditando a prosa da minha continuidade: "No fundo de toda prosa circula, mais ou menos rarefeita pela exigência do discurso, a invisível corrente rítmica." (Paz, 1982, p. 82).

Para Moisés (2019), outro especialista em poesia, todos, um dia, seremos poetas. Do nosso ponto de vista, é o contrário: todos já fomos poetas, alimentados, em nossos primórdios, pela poesia. Na pior das hipóteses, seguiremos fazendo poemas em prosa, como o Baudelaire. Mas, na continuidade, jamais poderemos renunciar àquela poesia de pausas (entre versos) do começo. Será sempre preciso mantê-la, ou reencontrá-la.

## MAIS POESIA, PROSA, COMPETÊNCIAS

A minha psiquiatria – ou psicanálise – tenta buscar cada vez mais as origens. Já não é propriamente do bebê, mas do feto, perinatal. Um marco dela foi o colóquio justamente sobre a psiquiatria (ou psicanálise) da perinatalidade, realizado em Mônaco, em janeiro de 1996, capitaneado por Philippe Mazet e Serge Lebovici. O adulto onde eu moro estava lá, ao lado de Salvador Celia, precursor desses estudos e práticas no Rio Grande do Sul e no Brasil. O adulto em mim começava ali a trabalhar com Mazet e Lebovici.

Nossa, acumulei tantas frases que cheguei a me cansar. Pronto: descansei e volto contando que muitos adultos nos estudaram – voltaremos a isso – observando os bebês animais (Bowlby). Pensando bem e sentindo mais ainda, temos muitos pontos em comum. E Winnicott não era o único a pensar em mim. Nem foi o primeiro. Estamos falando de uma época pós--psicanálise, quando uma profusão de psicanalistas em atividade viveu as grandes guerras do século vinte e pôde nos observar como órfãos vivendo sem os nossos pais. Ou seja, inexistindo. Que tristeza!

Spitz (1976) foi aqui muito importante. Descreveu, em pormenores pungentes e com observações científicas sagazes, o que nos tornávamos na vida sem a arte do encontro, durante a ausência permanente do outro, trazendo o maior dos paradoxos: a importância crucial da presença só pode vir à tona durante a falta. Hospitalismo e depressão anaclítica foram os diagnósticos que ele fez para nós, nesses casos de caos de solidão, em que chegamos a morrer. De falta suprema. De ausência duradoura. E, desde então, nunca mais pudemos ser olhados sozinhos. Aqui também, em meio à dor de meus antepassados, bebês mortos precocemente, acabei juntando frases demais. Repito: ainda sou fragmento, logo poesia.

Muitos outros acompanharam Spitz, entre os quais Anna Freud, Dorothy Burlingham, gente e mais gente nos acompanhando em cidades bombardeadas pelo infanticídio dos adultos, algo infelizmente muito atual. Uma pá de interessados em nós e em nossas chagas, já que somos as vítimas principais das guerras e de outras atrocidades (des)humanas. Dos descuidos para com a gente nasceram a ética e o conhecimento dos cuidados de que necessitamos, tudo o que, volta e meia, volta a nos faltar. Costuma ser assim mesmo: quando há descobertas importantes, elas não são isoladas: há muita gente, trabalhando, junto ou não.

Muitos psicanalistas foram importantes para quase me desvendar: de memória, posso mencionar a Klein, que trabalhou diretamente comigo, ou outros que trabalharam de maneira mais recomposta – eles até brigavam entre si, por causa disso – como Bion. Este, entre várias ideias de uma obra inteira, mostrou o quanto a capacidade de devaneio da minha mãe é fundamental para o meu desenvolvimento como sujeito. Graças a elas – mãe e capacidade –, o meu mundo arcaico e incompreensível pode ganhar sentido. E posso vir a ser. Ela me empresta o seu aparelho de ser (e pensar) para eu ser, logo pensar também. Isso, sim, é bonito. Cresço ao ganhar sentido, depois de sentirem por mim. Venho do que sonharam por mim. Para mim. Do que imaginaram por mim. Para mim. Que jogo poético de palavras! Eu não disse que vim da poesia?

## MAIS POESIA PARA EU VIR

Assim, pensando em desdobramentos, quando eu estiver crescido, e um adulto em frangalhos chegar comigo para uma análise, a interpretação terá menos importância do que o que se passará, ali e agora, na minha relação com o outro; na tal da transferência freudiana, quando o analista oferecerá o seu aparelho de pensar (e digerir, à la Bion, com a tal da função alfa),\* podendo eventualmente relançá-lo em sua construção subjetiva. Essa interpretação precisa, além de um "estilo lógico", contar com um "estilo lírico" (logo, poético) – defende Folch Mateu (2023). Para resgatar a lógica prosódica da comunicação dos primórdios – defendo eu.

Uma das tentativas impossíveis do poeta e crítico literário Octavio Paz (1982, p. 234) de definir a poesia pode nos ajudar a compreender a ideia: "(A poesia) não é uma explicação de nossa condição, mas uma experiência em que nossa própria condição se revela ou se manifesta.". Disso decorre pensarmos que nos relançamos menos a partir do nível retórico ou explicativo (interpretação) de que da experiência em si de estarmos juntos entre o afeto e a linguagem (poesia): "A retórica já nos separou / porém o amor não é isso / basta um olhar e eu fico.".\*\*

Aqui, mais do que tudo, é preciso deter-se na escuta, essa que é tão falha na contemporaneidade narcisista e solipsista. Deter-se na escuta para contar com a transferência que possa restabelecer um clima falho, lá atrás, de estar com. E não se livrar do outro com uma interpretação ou um punhado de palavras violentas, pois vazias dos precursores de estar junto. Palavras aproximam ou afastam; depende do olhar dessa escuta:

> Escutar é lento.
> É ouvir o silêncio,
> o grão na voz,
> o engasgo.

---

\* A função, oferecida pelo adulto (mãe, em especial), de transformar o impensável em pensável.
\*\* *Haicai da permanência*, poema inédito.

> Escutar a falta
> nos excessos,
> o vazio nos objetos
> acumulados,
> o grito na garganta
> ...
> Escutar-se é
> ainda mais lento.
> Eu tento.
> (Bragança, 2022, p. 54)

Nós, analistas, também tentamos. Fosse possível a microscopia da escuta, veríamos com frequência pais (gente) escutando operativamente, sem tentar despir-se de sua própria dor e narcisismo, sem a disposição de estar nu, durante o tempo necessário, para vestir-se com a roupa e a dor do outro. Para isso precisa poder ser afetado. Para afetar. A recuperação dessa falha, na chance sagrada da transferência, vale mais do que qualquer interpretação inteligente. É, aliás, mais uma questão de atitude sensível do que de inteligência, conforme Winnicott (1958/2011) se referiu às capacidades maternas. Acrescentamos aqui as de qualquer cuidador, incluindo professores. Mais do que com o que dizemos, é "estando com" que restabelecemos parte do que faltou:

> Em minhas visitas aos hospitais, descobri que era na simples questão da presença pessoal, e emanando mera alegria e magnetismo, que eu era bem-sucedido e ajudava mais do que com cuidados médicos ou guloseimas ou presentes em dinheiro ou o que quer que fosse. (Whitman, 2019, p. 67).

A poesia, prosódia antes do sentido, é uma forma de se fazer presente sem precisar dizer muito. O ritmo e a melodia são a substância do estar acompanhado: "Se você disser / Tudo o que quiser / Então eu escuto" (Secos & Molhados, 1973). Estar com para ganhar sentido, quando precisei ter sido pensado e olhado pelo outro. Mas quero deixar claro que, já no início, penso e sinto (sem tanta consciência, mas com alguma) e produzo pictogramas (Aulagnier, 1979), envelopes pré-narrativos (Stern, 1993), base de minhas representações mais elaboradas, de logo em seguida. Civitarese (2020) menciona os laços estreitos entre a psicanálise e a narratologia ou a importância, aqui e agora, de uma história que é contada e ouvida com uma escuta empática, banhada de curiosidade, e que atinge, nos melhores casos, um verdadeiro diálogo analítico, tornando a análise um trabalho estético e fazendo-nos mais humanos.

A escritora polonesa Olga Tokarczuk (2023, p. 23) acrescenta aos quatro elementos da existência – o ar, a terra, o fogo e a água – um quinto: "A narrativa é, portanto, o quinto elemento que faz com que vejamos o mundo de certa forma, compreendamos sua infinita diversidade e complexidade, ordenemos nossa experiência e a transmitamos de uma geração para a seguinte, de uma existência para outra.". O ficcionista brasileiro Luiz Antônio Assis Brasil (2019) refere-se a um *Homo narrans*, em detrimento de um *Homo sapiens*.

A partir de Moss, Civitarese (2020) enfatiza que não se trata de compor um estilo elegante e, sim, de tornar o estético o aspecto central da situação analítica. Graças a ele, poderei apreender os conteúdos inconscientes como a arte o faz. Por isso – defende – os modelos teóricos precisam ser flexíveis. Moss chega a cunhar a expressão "capacidade artística normal do analista" e, em analogia, cunhamos "capacidade artística normal da mãe". A ideia é que tal estilo possa se alimentar do sonho, em que há naturalmente um modo poético e ambíguo, com uma linguagem não saturada (Bion) como a artística. Em consonância com nossas hipóteses aqui desenvolvidas, apontamos que esse clima está presente em nossa fundação, nos primórdios, em busca da linguagem que nos torna humanos.

Civitarese (2020) defende que há uma forma estética de integrar o emocional e o intelectual, fazendo-nos mais envolvidos com o outro, através do incremento na capacidade de compreensão e hospitalidade. Defende que, graças ao estilo estético ou à estética na escuta, poderemos ouvir o inconsciente, representando-nos como autor e personagem. Meltzer (Meltzer & Williams, 1994), como Freud, surpreendeu os adultos ao mostrar o quanto o nosso começo decisivo é também uma questão estética e depende do quanto a minha mãe compreende isso e o repassa para mim. Ela estar maravilhada com o mundo será fundamental – o adulto em mim desconfia – para eu também me tornar maravilhado. E desejar aprender. Há um conflito (estético) nisso, de onde emerjo para a vida. Maravilhar-se é assombrar-se e, ao se assombrar, a mãe (me) poetiza e (me) ama.

Paz (1982) atribui ao poético essa possibilidade, e aqui estamos falando da arte em vida, no seu começo. A analogia vale: para o poeta mexicano, chega-se ao poema a partir de uma "operação transmutadora", quando os materiais abandonam a natureza para ingressar nas obras ou no mundo da significação. Para ele, o poema é revelação e exclamação. Pensamos que a mãe-poeta faz a mesma operação, cabendo à poesia, portanto, representá-la. Mãe e poesia são criadores de imagens. E a mãe o faz a partir da poesia. Por isso, consegue, no aqui e agora com o seu bebê, o que os poetas vão tentar depois: a palavra nova, insaturada, sem o fechamento da prosa, e que produz o encantamento necessário para a eclosão da subjetividade e seus espaços mentais.

A partir de Meltzer, esperamos hoje que analistas (pais, professores) possam ser artistas, no sentido de que precisamos de sua arte expressiva e entusiasmada para nos fortalecermos diante da realidade:

> A arte é a contemplação: é o prazer do espírito que penetra a natureza e descobre que ela também tem uma alma. E a missão mais sublime do homem, pois é o exercício do pensamento que busca compreender o universo, e fazer com que os outros também o compreendam.*

Fique atento e sensível: você – mãe, pai, professor, professora – poderá me emprestar, mais tarde, essa capacidade. Fique atento a mães, pais (e professores) desprovidos dela. Vão precisar ser (re)abastecidos pela arte. Sem arte, não há aprendizagem.

## SOU FRUTO DE UMA INTERAÇÃO: ALI PERGUNTO, ALI ME REPRESENTO

Klein, junto com Winnicott, pode ter sido a maior para nós, bebês. Entre tantos conceitos vitais de uma obra inteira, demonstrou o quanto os construtos de Freud, incluindo a minha disputa com pai e mãe, já me dizem respeito. Das relações com essa mãe dependerá a minha capacidade de entristecer, o que também é necessário para eu me integrar e aprender. Muitos a consideraram, às vezes com razão, alheia ao que estava fora de

---

* Auguste Rodin, mural em Mãos do Mundo, Container, Canela, RS.

mim, mas, lendo-a bem, não é bem assim. Por isso, ainda hoje, surgem novos autores mostrando a importância do meu corpo ou de meus processos arcaicos e relacionais para a minha capacidade de simbolizar. Ou seja, ser. Ou seja, aprender: "É em função do corpo, que, se é harmônico ou rígido, compulsivo ou abúlico, ágil ou lerdo, bonito ou feio, e, com esse corpo, fala-se, escreve-se, tece-se, dança-se, resumindo, é com o corpo que se aprende." (Paín, 1985, p. 22).

Paín (1985), essa grande pesquisadora da minha educação, mostrou o quanto parte essencial das condições de aprendizagem se decide precocemente, nas capacidades de eu assimilar, dependendo do quanto fui estimulado. Eu, de fato, comecei a ser, muito antes do que se imaginava. Entre os autores que puderam ver isso, destaco o mestre Roussillon e Brun, sua discípula. Aqui incluo Victor Guerra, amigo do adulto onde eu moro. O corpo – a pele – é o lugar onde reflito, ou seja, de onde parte a minha reflexão. Golse alude a uma psicanálise contemporânea que deixa de ser orificial para se tornar cutânea. Com ele pensamos que a noção fundamental de libido permanece, mas, para além do desenvolvimento e suas respectivas fixações (Freud, 1905/1996c), o ego se constrói na superfície da pele, a partir de uma outra pele (Anzieu, 1988). A pele é o que há de mais profundo (Valéry citado por Graña, 2023).

A mediação entre mim e o outro – veremos – faz-se pela arte, em especial a música e a poesia. Poesia e música, por questões de suas linguagens (menos literais, mais absolutas e simbólicas), aproximam-se do "indizível". As formas significativas da música, transcendendo o pensar conceitual ou discursivo, podem expressar uma ambivalência impossível para as palavras e, por isso, representar-me mais do que elas:

> Por serem as formas do sentimento humano mais congruentes com as formas musicais do que com as formas da linguagem, a música pode *revelar* a natureza dos sentimentos com um pormenor e uma verdade de que a linguagem não consegue aproximar-se. (Langer, 2004, p. 233).

Som a som. Olho a olho. Pele a pele. Sem arte não há vida. Nos primórdios e depois. Vida e arte não são artifícios. Um amigo do adulto onde moro costuma dizer para os outros adultos: não perde tempo estudando. Olha e toca os bebês. Depois, acrescenta: não esqueças de cantar para eles.

Faz pouco, enfatizei Freud (1907/1996d, 1908/1996e) como o pai de todos. E não me arrependo, pois esse impulso de conhecer, tão trabalhado por Klein, encontra a sua base nele. Está em vários dos seus trabalhos, principalmente no começo, com a presença de minhas primeiras perguntas. Elas não são inocentes como se pensava durante tantos séculos: eu quero, desde o princípio, saber de onde eu vim, ou seja, a minha curiosidade é mesmo sexual. Tentem ignorar-me com cegonhas ou vistas grossas para ver o que acontece em termos de neurose, mas já garanto que, nesses casos, não renovarei as questões e me tornarei um péssimo aluno. Se não pude aprender a origem, não posso me interessar pela continuidade. A propósito, Paín (1985) atrela a dificuldade de aprendizagem da criança à perda de certos direitos na sua relação com os pais, como o de resistir ou impor-se. Aqui, inclui o direito à curiosidade. Para ela, restituir-me a capacidade de aprender é também restituir a minha sensação de poder: "poder escrever, poder saber..." (Paín, 1985, p. 77).

Fonagy (2001) é outro que chegou a montar uma teoria (do espírito) para mostrar o quão importante é, na prática, a capacidade reflexiva, como principal acesso de eu sair do eu nuclear (Stern) e chegar à intersubjetividade necessária para que tenha acesso à minha própria subjetividade ou capacidade de subjetivação; afeto e cognição, portanto, estão muito ligados. A aprendizagem é fruto da aptidão para o jogo de subjetividades. Mais recentemente, inspirei até o nome para uma disciplina: psiquiatria ou psicanálise do bebê – uma disciplina só para mim –, envolvendo gente muito interessada, como Lebovici, Cramer, Palacio-Espasa, Golse, Guerra, entre tantos outros. Eu sou mesmo inspirador ou desagregador. Essa gente conta algo gozado que entra em confluência com outros que contam também. Partem de uma noção concreta do próprio Freud: o construto de que somos o que pensamos, ou seja, as nossas representações mentais, um dia, foram imagens, e hoje podem ser palavras. Aqui são decisivas as representações mentais que os adultos fazem de nós, bebês. Por isso, a catástrofe de sermos filhos de mães deprimidas por um longo tempo, e não sustentadas por outra figura materna. Seus pensamentos sombrios a nosso respeito tornam-nos pensadores sombrios de nós mesmos e assim nos identificamos.[*]

---

[*] Neste sentido, aqui é também decisivo como os adultos representam os seus pacientes crescidos, já que, no contexto de suas transferências, diante do novo olhar e de suas vicissitudes, estão experimentando uma segunda chance para serem relançados em identificações verdadeiramente mais positivas.

Contarmos com esse espelho terrível (Winnicott) é uma catástrofe para a vida e sua aprendizagem: "A pessoa se sente como alguém a sentiu, se vê como foi vista e, mais tarde, escuta-se como foi escutada. As mensagens maternas" (Roussillon, 2022, p. 305). Roussillon (2022) ressalta ainda que a transmissão se dá por mensagens, através dos ritmos, e eles – mensagens, ritmos – vão decidir se o sujeito se sente um sujeito ou mero marionete do outro. Stern (1991, p. 13), o precursor, dava a mesma letra: "Nenhum de nós consegue estar com um bebê, cuidá-lo ou estudá-lo sem lhe atribuir certos pensamentos, sentimentos e desejos em determinado momento.". O objetivo principal das terapias pais-bebês pode ser justamente mudar para melhor essas representações, tornando-as mais positivas ou menos impregnadas de seus próprios conflitos. O objetivo das terapias com os adultos e seus bebês internos pode não ser lá tão diferente.

Lasnik e Pelabon (2017) sublinham, na análise de outro bebê (que era autista), a importância de reanimar a mãe e eventualmente oferecer uma palavra (o manhês) desprovida de conotação depressiva. Em um de seus casos clínicos, as duas intervenções se mostram eficazes para reverter os sintomas. O começo é ali relançado a partir do ritmo e da música. Eles é que transformam as representações oferecidas ao bebê. Tudo é lançado e relançado a partir do ritmo e da música. Mesmo mais tarde, com os adultos e as prosas emitidas. Aqui é importante compreender que temos um mundo próprio, diferenciado, não houve nem há simbiose. A tal da intersubjetividade, que vem se fazendo de forma não verbal e muito precocemente, estará no auge em torno de meu um ano. Se ela fracassa, se leem mal meus gestos, se o fazem de forma negativa (a mãe deprimida, por exemplo), haverá distorções-carências-inibições para o resto da minha vida, a não ser que novos encontros e novas representações os desfaçam. Também penso que uma das consequências será eu deixar de ler direito o meu coração, minha mente e a dos outros. Ou seja, não serei um bom aprendiz.

## UMA HISTÓRIA ALÉM DA MINHA

As ideias de Stern são supimpas, mas, como sempre, uma história que resgate a poesia pode abri-las ainda mais; por isso, vou contar. Um sujeito, certa vez, encontra um rabino que foi seu professor na infância. Ele o aborda e diz que quer agradecer por um episódio decisivo em sua vida, envolvendo os dois e a turma. Conta que havia roubado o relógio de um colega que denunciou o roubo ao rabino. A decisão deste foi enfileirar todos os alunos durante uma aula, pedir que fechassem os olhos e, quando ele passasse pelo autor do roubo, esse lhe devolveria o relógio. Assim o fez, tendo sido o objeto devidamente devolvido. O hoje adulto agradece ao velho a oportunidade de ter feito a devolução com os colegas de olhos fechados, ou seja, sem passar pela humilhação de ser identificado. Mas a história não termina aqui e, por isso, serve-nos de exemplo para a importância de como os adultos representam as crianças. O homem, depois de agradecer, fica impressionado com o fato de o professor não lembrar dele, no contexto de uma história tão marcante. Foi quando esse lhe diz que também havia fechado os olhos. A ideia era que pudesse igualmente ignorar o autor do furto, dando-lhe a oportunidade de revisar seus atos, sem que a marca representacional de um adulto o perseguisse depois disso. De que valeria arrepender-se, ainda menino, se um adulto já passasse a olhá-lo como ladrão, representando-o assim, com toda a carga decorrente de tal representação negativa?

A ideia do Winnicott (1971/1975) de que o olhar da mãe é o nosso espelho cabe aqui como uma luva. Fui teus olhos – diria à mãe ao bebê –, ainda que hoje se reconheça que sou capaz de produzir as minhas próprias representações; mesmo que não pareça e poucos ouçam, eu sei interpretar o mundo:

> Assim, o bebê humano ao contrário do que se supunha até recentemente, é dotado de linguagem desde os seus primórdios, e sua capacidade interpretativa dos sinais que chegam até ele lhe permite organizar e sistematizar as informações que lhe são sensíveis. (Parlato-Oliveira, 2017, p. 26).

## SEGUNDA HISTÓRIA

Contam que Thomas Edison, quando era criança, voltou da escola com um bilhete para a sua mãe. Ao ler, a mulher lacrimejou e, em seguida, disse ao filho que a professora o havia considerado inteligente demais. A partir de agora, ela mesma ensinaria o filho. Anos mais tarde, depois da morte da mãe, Edison encontrou o tal bilhete, mas nele a versão era outra, atestando que se tratava de um menino confuso, com problemas mentais, e tinha sido expulso do estabelecimento.

A história é autoexplicativa e decisiva para o tema das influências dos pais nas representações dos filhos. Thomas Edison teria se tornado um grande inventor se a mãe comprasse a versão negativa da escola para representá-lo? Não aprendemos sem um outro. Não aprendemos sem um outro acreditando que podemos aprender.

## SOBRE O APEGO E SUAS HISTÓRIAS

Essas antecipações parecem confirmadas por outras disciplinas, como as neurociências e a psicologia do desenvolvimento. Elas é que, através de métodos científicos rigorosos, intrauterinos, inclusive, desvendaram as minhas habilidades motoras e cognitivas, os meus reflexos e todo um aparato destinado a me relacionar: eu vim ao mundo para encontrar e, encontrando, tornar-me capaz de ser.

Bem, nem tudo foi confirmado. Pesquisas sistematizadas sobre as minhas competências relativizam a importância dada ao intrapsíquico pelos primórdios da psicanálise (Freud), realçando a importância para a saúde e o sintoma daquilo que acontece na relação, no ambiente, "no campo", "entre", ligado "às possibilidades reais que o meio lhe fornece, à quantidade, à qualidade, à frequência e à abundância dos estímulos que constituem seu campo de aprendizagem habitual." (Paín, 1985, p. 33).

A autora pertence à turma que defende a importância dos eventos precoces na ulterior aprendizagem, quando elenca a amamentação e a troca de fraldas como eventos importantes na construção da ludicidade e da imaginação criadora, bases da aprendizagem. Respeitar o meu ritmo é fundamental para a pessoa e o aprendiz que sou e serei: "Difícil imaginar (sem trocadilho) qualquer ato cognitivo que não envolva o seu tanto de imaginação..." (Moisés, 2019, p. 267).*

Parece haver hoje um consenso entre psicopedagogos contemporâneos:

> Esses vínculos de passagem entre jogar e trabalhar, na adolescência, podem perturbar-se, gerando dificuldades

---

* Considerando a importância da transferência do bebê no adulto, observamos a importância de o analista respeitar o ritmo de seu analisando, o que inclui a necessidade de que esse repita os seus relatos e evolua conforme o próprio tempo de suas possibilidades.

no estudo, o que entendo como trabalho de aprender ou como a responsabilidade que todo trabalho supõe.

Às vezes, essas dificuldades que o adolescente começa a mostrar refletem algo não-resolvido em sua infância quanto à instalação de um espaço subjetivo de aprendizagem "entre" o jogar e o trabalhar. (Fernández, 2001, p. 37).

Pós-freudianos também revisaram tais concepções, tornando a minha compreensão mais aberta, não saturada, precisando levar cada vez mais em conta o relacional. Mas voltemos às minhas habilidades. Já tenho, nos dois primeiros meses, reflexos arcaicos, antes que ocorra a neurogênese ou a mielinização, e tenho afetos que "são ingredientes essenciais da sobrevida após o nascimento. Eles são o meio que permite o estabelecimento das interações sociais entre o mundo do bebê e o que não é esse mundo." (Lebovici, 1987, p. 209).

Sim, sou um ser relacional. Vim do outro para ser eu mesmo. Essa é a maior novidade a meu respeito, não existo sozinho, blábláblá a que não chego sem o outro. Vim para relacionar-me. Da qualidade dessas relações dependerá o meu desenvolvimento e – o que mais importa – a minha capacidade de aprender. Justo aqui o corpo encontra a alma. Justo ali é que eu aprendo, alma preenchendo corpo. Porque, para se desenvolver, o meu cérebro precisou ser encharcado pelos corações alheios. Sei que estou sendo poético, ainda que amparado por uma pá de cientistas, mas não há mais dúvida: a cognição é resultado de espaços abertos pelo vínculo e o investimento emocional do outro. A ponte é poética. E a poesia em si. Esse é o mantra do nosso livro, com a ideia de que precisamos buscar no outro, na díade, na relação, a história de uma não aprendizagem.

Sinto que pulei gente muito importante, incluindo um psicanalista que foi, digamos assim, uma espécie de precursor desses cientistas todos. Era psicanalista e não era, com lugar duplo de fala. Era, porque era; não era, porque questionou uma certa ênfase da psicanálise no intrapsíquico e na sexualidade. Estou falando de Bowlby (1979), que criou a teoria do apego ou do vínculo – foi ele um dos que observou os animais –, demonstrando que, desde os primeiros meses, conforme a qualidade de nossas interações, interiorizaremos modelos de apego mais ou menos seguros. Eles vão marcar o resto de nossas vidas, já não lá tão adiante assim, porque, antes do resto, podem decidir até mesmo a nossa capacidade de aprendizagem.

Parece óbvio, mas vou dizer: bebês com apego seguro serão crianças com maior capacidade de aprendizagem. Aprender, afinal, é desapegar-se do que não sabíamos e apegar-se ao que vamos saber.

Aqui, sob pena de ficar reducionista, arrisco um pequeno resumo sobre a minha vida tão complexa. Até os dois anos, preocupei-me em forjar a minha subjetividade (meu senso de eu) junto ao outro. Aprendi a simbolizar. Depois, passei a me ocupar de separar-me, mesmo que isso não seja lá tão puro, e as duas fases se misturem às outras que virão. Claro que fui poeta, e o adulto onde moro teve a bênção de não deixar de ser. Um grande poeta (chileno) resumiu a minha vida universal e sintetizou os três calhamaços do Bowlby sobre o apego em um único verso: "Foi meu destino amar e despedir-me" (Neruda, 1971, p. 30). Amar não é fácil e será um desafio da vida toda. Separar não é fácil e será um desafio da vida toda. É muito importante que comece bem: "A reação à separação é básica em todos nós e pode não mudar muito desde os doze meses até a morte." (Stern, 1991, p. 88).

Sobre as relações do apego com a aprendizagem, lembro sempre da Bydlowski, psicanalista que metia a mão na massa, em salas de obstetrícia. Ela me chamou de transparente, por causar transparência, na minha mãe e seu entorno, entre o inconsciente e o consciente, com afrouxamento da função pré-consciente. Sim, basta eu chegar que a turma para de recalcar, e o que estivera escondido vem à tona. Isso faz de mim um grande provocador ou bloqueador de aprendizagem. De si mesmo, em primeiro lugar, o que depois leva ou não a aprender o mundo.

Não basta um para aprender, ao menos no começo. Toda aprendizagem é uma história relacional. Não basta a cognição para aprender. Toda aprendizagem é uma história de amor.

## SOBRE AS INTERAÇÕES

"O enigma das origens é um colóquio de olhares, de sonoridades também recíprocas, que agem como sementes do ser falante, em que a narrativa funciona como uma segunda pele que nos permite discernir o território do corpo, da mente e do mundo."

Victor Guerra

Interações são resultados de ações e, como o próprio nome sustenta, de ações entre. Implicam processos de regulação mútua, com cada parceiro influenciando a mensagem do outro, traduzindo-se por modificações efetivas nos dois (Lebovici, 1987). O bebê apresenta "uma consciência receptiva dos estados subjetivos de outras pessoas, e busca interagir com elas" (Trevarthen et al., 2019, p. 26), cerne da definição de uma teoria da intersubjetividade para mim, um ser pleno de necessidade de comunicação. Ou seja, a minha composição como sujeito dependerá da qualidade delas, as interações, o mencionado Spitz que o diga. Mas, se elas foram seguras (Bowlby) poderão ser suficientes para me fortalecer, desde cedo. Para a vida e a aprendizagem. Se não foram e no que não foram, vão precisar ser reconstruídas.

Para Maffesoli (citado por Silva, 2023), interagir não é simplesmente acompanhar. É demonstrar uma disponibilidade para o convívio, trocar, dar e receber. Bettelheim, psicanalista que sofreu os horrores da Guerra, ou Boris Cyrulnik, psiquiatra da infância, que também os sofreu, que o digam. Os canais para essa interação não são tantos assim e podemos delimitar três, entre os principais.

## O canal do olhar

*"Os bebês agem como se os olhos fossem realmente as janelas da alma."*

Stern

Psicanalistas célebres, como o mencionado Winnicott e o Lacan, desenvolveram trabalhos importantes sobre a importância do olhar, o primeiro mostrando a pertinência do olhar materno como um espelho do que eu sinto (e logo penso que sou), o segundo aprofundando a importância do especular nas minhas questões simbólicas e imaginárias, e de como, a partir delas, poderei lidar com a realidade: "Quando você não me quer, nada mais nesse mundo me quer. Eu não me quero sem o seu querer." (Suy, 2023, p. 75).

Mas acredito que noções, por melhores que fossem, não poderiam dar conta do que se passa ali, entre os envolvidos se olhando. Talvez, por isso, Stern e Freud tenham recorrido à arte e aos artistas para expressar seus mais importantes construtos. Talvez possa estar aqui certa originalidade de nosso livro com veleidades poéticas.* É preciso poesia para ver como se víssemos pela primeira vez, como expressou Carlos Felipe Moisés (2019) em sua reflexão sobre para o que ela serve.** Acrescento que a necessidade poética já está presente na primeira das vezes em que estou olhando o mundo. Eu não preciso tão somente do olhar da mãe. Preciso ser olhado com poesia para que eu possa ver poeticamente também. De certa forma, preciso de um olhar festejado, com alegria suficiente em seu conteúdo, como no verso da canção: "O meu olhar vai dar uma festa, amor" (Cavalcante, 1996).

Ou como na prosa: "O que é que este poeta faz? / Poemas, respondi eu. / Para que servem? / Para muitas coisas. Há poemas que servem para ver o mar" (Cruz, 2020). Que a poesia nos socorra dos desvãos da realidade e nos permita vê-la com entusiasmo, a fim de mergulharmos no mar da aprendizagem, com a "esperança de aprender outra vez a soletrar os fonemas da esperança" (Mello, 2023, p. 35). Resumindo – poesia é síntese –, sou constituído por um olhar. Que me banha. Que me forja. Que me marca. Que, junto ao corpo, faz eu começar a representar o mundo: "Te olho e isso dura" (Didi-Huberman citado por Horenstein, 2021, p. 117, tradução nossa). E como é preciso sustentar o olhar com poesia!***

Depois do alicerce dos olhares, convém acrescentar outra prosa sobre a importância deles, sob o meu ponto de vista: com três a cinco meses, ainda não posso falar. Mas posso olhar mutuamente (Stern, 1992), e isso faz toda a diferença, pois – olhar acompanhado –, com o sorriso, a vocalização e a possibilidade de dizer não, eu também regulo as interações e a minha aprendizagem. Acho essa a hipótese principal do que estamos trazendo aqui. Bem antes dos dois anos, e ao nascer (antes até), previamente à linguagem verbal, eu já tenho a minha parcela de individualidade, o meu senso de eu ou de mim mesmo, que precisa ser acolhido, respeitado e reconhecido. A propósito, uma citação de prosa, do mesmo Stern (1992, p. 21):

---

\* O adulto é que está preocupado com isso, já que, ao contrário de nós, bebês, tem dificuldades de ser espontaneamente original.

\*\* Os poetas, entre os quais me incluo, costumam dizer que a essência da poesia é justamente não servir para nada, mas, olhando para o desenvolvimento de um bebê, não é bem assim.

\*\*\* Recordo-me de um homem de meia-idade, com muitas dificuldades em sustentar as suas relações afetivas. Um dia, conseguiu expressar com bastante tristeza a dificuldade de sua mãe em sustentar o olhar diante dele e prestar atenção às histórias que contava, ao voltar da escola.

É importante observar que o domínio do relacionar-se intersubjetivo, como aquele do relacionar-se nuclear, acontece fora da consciência e sem ser expresso verbalmente. De fato, à experiência do relacionar-se intersubjetivo, como àquela do relacionar-se nuclear, podemos apenas aludir; ela não pode realmente ser descrita (embora os poetas possam evocá-la).

O cientista Stern parece chancelar toda a nossa poesia. Sou, segundo ele, um eu mais nuclear (certamente pré-verbal) até os sete meses e, depois, eu me torno mais apto ao que é intersubjetivo, mais capaz de intimidades, do compartilhamento de atenção, subjetividade, intenção e, sobretudo, afetos. Bastou que me olhassem para eu me sentir gostado e aprender a ser.

## Desdobramentos de um olhar bem dado

Em meu segundo semestre, vivo uma verdadeira revolução, pelo menos nos melhores casos, aqueles em que, depois de interações suficientemente boas (bem olhadas) no começo, podemos chegar ao melhor da intersubjetividade, na continuação. Torno-me capaz de brincar de "como se", a léguas do concreto, e isso faz toda a diferença: vital, poética, prosaica. Já estou pronto para deslocar-me. Já estou pronto para descansar, psiquicamente, alhures. Para aprender além de mim. Para devolver olhares, incluindo paisagens de conhecimentos. Agora presto para ingressar nas metáforas da aprendizagem:*
"Mata-tira / Tirarei //Faz de conta / Conta? Hein? // Com a arte / Me achei".**

Desde muito cedo, posso regular a interação (sou um agente), entre atenção e desatenção, participando ativamente dela. Depois dos quatro meses, então, nem se fala: ainda que eu não fale, posso olhar ou não olhar, posso desencadear ou não uma interação, e até mesmo interrompê-la. Os adultos é que, às vezes, não o respeitam e me estimulam em demasia, sem atentar às minhas retiradas. Eu preciso apenas ser suficientemente estimulado. Sou, afinal, um especialista em rostos (Stern), o mundo onde tudo começa, e me valho muito disso. De que outro poema pode ter vindo essa prosa?

---

\* A psicopedagoga Alicia Fernández destaca a "função subjetivante" como o caráter principal da aprendizagem.
\*\* Sem título, poema inédito.

O rosto é mapa
dos olhos à boca:
decide
o rosto
o que vê
no corpo

O rosto
afeta-nos
do olhar
à boca:
se olha
não olha,
se diz
não diz,
o rosto
decide
se o resto
é feliz*

Viram como é importante estarmos entre mãe-poeta e seus poemas--continentes? A poesia do olhar é continente. Lacan e Winnicott disseram isso (voltaremos a eles), mas acho melhor não sairmos do olhar da poesia. É nela e nele que começamos.

## Outra história de olhar

> "O olhar humano é uma experiência
> em parte interativa e interpessoal."
>
> Stoleru

Na escola em que eu estudei, quando ainda éramos pequenos, mas já grandes o suficiente para pedirmos o nosso lanche, nós nos aglomerávamos em frente ao balcão do bar, na hora do recreio. Ao fazermos o pedido para a

---

\* Sem título, poema inédito.

Dona Frida ou o Seu Mendel, um prensado, um pastel, o que fosse, acrescentávamos, ao final, a expressão "aqui olhando pra mim". Aparentemente, nós o fazíamos porque éramos pequenos, mas hoje creio que precisávamos ser olhados não apenas para sermos atendidos objetivamente, mas também por já sentirmos a necessidade, ainda não tão longínqua, da sustentação de um olhar para poder se alimentar.

Para o bebê e, mais tarde, a criança (e por que não o adulto?), os cuidados objetivos precisam ser afetivos para serem efetivos, ou seja, sustentados de afetos de vitalidade (Stern), dentro dos canais de interação aqui apontados, em trocas em que se afeta e se é afetado, ao mesmo tempo (Folch Mateu, 2023). As interações, se vividas burocraticamente, geram grandes prejuízos psíquicos para a criança (Iaconelli, 2023). Precisaremos ser olhados (falados, tocados) para sempre.

### O olhar transferido

O olhar do analista (e do professor) volta a ser importante, considerando-se a transferência (Freud, 1912/1996f), essa nova chance de se relançar, presente a cada encontro, a ponto de ser capaz de resgatar até mesmo o desejo de ser (ou aprender): "O pavio se ergue / quando um olhar inflama." (Bachmann, 2020, p. 75). Só posso olhar-ser-aprender se fui bem olhado, mas conto com a chance de um novo olhar que possa resgatar pedaços luminosos dos olhares primeiros: "Dentro teus olhos são janelas / para um lugar onde me encontro na claridade." (Bachmann, 2020, p. 95).

A primeira chance é que a poesia (do olhar) tenha vindo no começo. A segunda é que venha depois, resgatando, com um novo olhar, a falta do que não veio antes, conforme sustentam as canções *Interessante*: "Eu nunca fui um cara interessante / Mas, você me olhou, por um instante / E dentro dos seus olhos, vi um diamante se lapidar" (Ferrugem, 2023); e *O segundo sol*: "Quando o segundo sol chegar / Para realinhar as órbitas dos planetas" (Eller, 1999).

O Planeta Bebê e o Planeta Mãe estão sempre em busca de novas chances para alinhar-se.

### Adendo de olhar

Certa vez, uma paciente adulta usou a seguinte expressão: a análise me permite reencontrar cada olhar da minha infância, lá onde recebi o que era possível. Reencontro essa prática na teoria poética de alguns autores: "O olhar profundo da criança é também uma palavra." (Lebovici, 1987, p. 211). De lá para cá, de cá para lá, como na poesia de Bandeira (1983), os olhares dizem, e o que dizem tem muita importância para o presente e o futuro. Por isso, a psicanálise se interessa tanto em olhar o passado.

## O canal verbal

> "O início do contato humano e da subjetivação se refere a um encontro que parte do corpo, da experiência sensorial, e que se abre a uma música, a um ritmo, a um desenho, a um jogo: sinais significativos que abrem caminho para o surgimento da palavra."
>
> Victor Guerra

No mesmo sentido da epígrafe, à espera de novos sentidos verbais, Stern (1992) elenca, entre as competências do bebê, uma sincronia pessoal ("auto") e outra relacional ("interacional"), sendo o corpo do bebê um maestro, e a sua voz, a música. Golse, mais tarde, retomará a mesma metáfora. Stern* se valeu muito da dança para se fazer compreendido em seu conceito. Voltemos, portanto, à poesia – som e sentido –, onde tudo nasce, conforme vimos e vivemos:

> Minha mãe chamava a morte de ausência
> e cantava a própria fala.
> O assunto do canto era
> o que ia aparecendo na janela:
> o menino, a menina, a velha.
> Não tinha censura no canto:
> futebol, prostituta, esfomeado.
> Com ela aprendi que nada há
> no mundo que não possa ser cantado.
> (Gutfreind, 1995, p. 19)

---

\* Sempre é chamativo o quanto especialistas recorrem à arte para desenhar as interações do começo da vida. Golse (Golse & Amy, 2020) recorreu à "dança das mãos" de um maestro para descrever na prática as suas teorias.

O sentido vem do outro; da mãe, no caso, através da música. Já ouvimos que é preciso ter havido antes um banho suficiente de prosódia. A poesia é esse banho, fora dos livros, na vida em si. Na clínica, os autores vêm mostrando a importância do sonoro para o meu desenvolvimento. Somos forjados pelos sons, pelos seus embates com o corpo. Corpo-partitura. Sons e prosódias é que vão abrir espaço para os sentidos, as identificações, o que somos, enfim, desde o começo. É como se cada nota posta ali estivesse à espera dos preenchimentos. Da prosódia, a prosa. Dos sons, os verbos. O "manhês", em todas as línguas, está menos atento ao sentido das palavras (inapreensível ainda) do que aos "'afetos dinâmicos relacionais' e um sentido 'narrativo' de sentimentos e interesses diversos" (Trevarthen et al., 2019), mais próximo da poesia do que da prosa. Quanto a nós, bebês, demonstramos uma capacidade preexistente de expressão de sentimentos, fomentando eventos sociais, muito antes da aquisição da fala.

Altman (1998) e Konicheckis (2005) mostraram a importância das cantigas de ninar como marcadores do ritmo, em sintonia com outros autores: "Com a idade de seis meses, em testes de discriminação feitos em laboratório, os recém-nascidos respondem diferentemente às canções lúdicas e às cantigas de ninar..." disse a cientista (Trevarthen et al., 2019, p. 72), sob a chancela do poeta:

> Os primeiros poemas de que tive conhecimento foram as canções de ninar e, antes que pudesse lê-las por mim, já me apaixonara pelas palavras, as palavras em si. O que elas representavam ou simbolizavam ou queriam dizer era de importância secundária. O que importava era o som delas, enquanto as ouvia pela primeira vez, produzidas pelos lábios dos adultos distantes. (Dylan Thomas citado por Moisés, 2019, p. 201).

Talvez seja a música a mais arcaica de todas as artes. Talvez seja a cantiga de ninar a mais primordial de todas as músicas: "à pureza com que sonha / o compositor popular // um dia compor / uma canção de ninar". (Leminski, 1987, p. 94). O ritmo, desde o pré-natal, é a maior fonte de uma base de segurança. Ele também é o primeiro representante da descontinuidade, esboço de narratividades futuras (Ciccone citado por Guerra, 2022): "outra coisa divertida aos meus olhos era a Música /

e quando não estava tocando nenhuma / uma melodia deslizante / pelos móveis." (Bei, 2021, p. 25).

O fragmento anterior vem de um livro cujo título é sugestivo para mim e meus desafios de bebê: *Pequena coreografia do adeus*. Em consonância com as pesquisas experimentais e a teoria psicanalítica, sugere que a dança (a arte) é o que constrói o meu apego, o trajeto do meu eu nuclear à intersubjetividade e, ao mesmo tempo, o que permite a minha separação (o adeus). Não os faço – apego, separação – sem arte ou coreografia, porque fazê-lo, na vida, é muito difícil, é só perguntar para os poetas: "Os homens não se separam de nada sem pesar, e mesmo os lugares, as coisas e as pessoas que os tornaram os mais infelizes, eles não os abandonam sem sofrimento." (Apollinaire, 2013, p. 23).

Aqui, sem se fixarem em calendários, fiquem atentos à minha marcha, em torno de um ano, e à minha fala, em torno de dois, momentos significativos da minha separação de vocês, caso tenha havido poesia e canção suficientes para isso. A separação é um silêncio movido pela música.

### O ritmo, ontem, hoje e sempre

Golse (1999, 2006) e seus discípulos, retomando as pesquisas de Trevarthen, deixam claro o quanto ritmo e timbre são essenciais para produzir em mim afetos, representações, e o quanto é através da música que eu chego à palavra: "O bebê é um especialista tonal. Ele se forma a partir da voz do outro..." (Guerra, 2022, p. 60). Com as minhas vocalizações bem sincronizadas, mostro a capacidade de me antecipar aos eventos e, inclusive, prolongar vogais no final de uma frase ou uma estrofe. Sou mesmo um especialista nisso (Trevarthen et al., 2019). Guerra (2022) acrescenta, em seu colóquio com outros autores, que o ritmo (poesia é ritmo – acrescento) é fundante da minha condição humana. Ele modula a sensorialidade e, assim, organiza a intersubjetividade. Saímos do caos através do ritmo, ou seja, esteticamente, o que nos lembra os ápices da filosofia, com Nietzsche, e da psicanálise, com Freud, em sua confluência no pensamento de que só a arte nos salva, desde os primórdios, e para sempre. Sim, eu fui salvo pela arte. Ela, com seu ritmo, é o fio vermelho da minha capacidade multicolorida de subjetivação, que é o fio vermelho do envelopamento das minhas pulsões. Eles são o ego do meu id. O Eu do meu Isso: "A repetição das comunicações da mãe segundo um ritmo regular permite ao bebê integrar as estruturas rítmicas da interação com sua mãe." (Stoleru, leitor de Stern citado por Lebovici, 1987, p. 155).

Em sintonia – palavra perfeita para mim – com autores contemporâneos, o clássico Winnicott (1971/1975), com sua noção de objetos e espaços transicionais, utilizados para nos separarmos de nossas mães, mostra que a arte – palavras, cantigas, contos, livros, música – é o que constrói o espaço eu-não eu. Dizendo com poesia, fica mais ou menos assim: "Temos corpo para acender o amor / E palavras para que não apague." (Gutfreind, 2013, p. 94). Os dois versos, entre ritmos e semânticas, encontram consonância com a prosa de uma psicanalista da infância: "As palavras não fazem o amor, mas para fazer o amor necessitamos de palavras." (Flesler, 2012, p. 65). Palavras que, na hora do amor, viverão o paradoxo do mais e do menos: "Apesar de sentirmos as palavras como necessárias para fazer amor, não há palavras que alcancem a hora do amor." (Flesler, 2012, p. 66).

Sim, tudo nasce entre o corpo e a poesia. No corpo, com poesia. Talvez, por isso, o poeta Armindo Trevisan, aos noventa anos, diga que hoje escreve menos poemas, o que atribui às solicitações do corpo, que são menores, segundo ele, com a prosa. Hoje o poeta, sustentado pela poesia, escreve mais prosa.

De certa forma, construí o meu apego entre o corpo e as cantigas calcadas em seus ritmos esboçando as primeiras palavras; ainda sem elas. E construí o meu desapego, também. Não vim tão somente do silêncio. Devo à arte ser quem sou, a partir do outro, e a ela devo também separar-me do outro para ser eu mesmo. Guerra (2022), retomando Roussillon, vale-se aqui do conceito de "lei materna". Para exercê-la, a mãe precisa: 1. Respeitar o ritmo do outro e cocriar um ritmo comum; 2. Espelhar, traduzir e transformar as vivências afetivas; 3. Abrir-se à palavra, ao jogo e à terceiridade (criada entre a mãe e o pai).

Penso que o poeta faz o mesmo com o ritmo do poema (primeiro elemento, em especial), deixando-se levar por ele, respeitando-o. O seu alicerce são as interações mães-bebês, mães e poetas precisando compartilhar as mesmas habilidades. É poético o trabalho feito no passado pela mãe. Ele é a base da prosa presente e futura de um filho. Depois, na transferência, será poético o trabalho de uma professora. Folch Mateo (2023) utiliza aqui a imagem de uma música que se repete. Sim, a repetição da poesia é a base da prosa nova e inédita na aprendizagem de um aluno.

## O paradoxo do verbo

> "No poema a linguagem recupera sua originalidade primitiva, mutilada pela redução que lhe impõem a prosa e a fala cotidiana."
>
> Octavio Paz

Sou humano, logo paradoxal. A chegada ao verbal traz ganhos e perdas, conforme duas prosas de Stern (1992). O verbo marca a essencial possibilidade de dizer, mas traz o desafio de lidar com a lacuna do que não pôde ser dito sem o corpo:

> Prosa 1: "O que começa a ser perdido (ou a ficar latente) é enorme; o que começa a ser ganho também é enorme..." (Stern, 1992, p. 157).

> Prosa 2: "Esforços incomuns como a psicanálise da poesia ou ficção podem, às vezes, reivindicar parte deste território para a linguagem..." (Stern, 1992, p. 156).

A palavra vem para estampar a morte da coisa (Hegel citado por Gómez Mango, 1999).* Stern (1992) nos mostra, com a sua prosa, que a linguagem verbal é mais lenta do que a não verbal e, paradoxalmente, menos próxima dos sentimentos. As palavras poderão evocá-los, mas não captá-los completamente. Pior: uma linguagem pode construir ou destruir um novo mundo: "Estamos acima das coisas que podemos comunicar por meio de *palavras.*" (Nietzsche, 2017, p. 90).

Stern nos sugere (prosa 1) que precisaremos da arte para que o verbal não perca a marca emocional e livre de palavras que havia antes dele. E – prosa 2 – para recuperar a lacuna instaurada por elas. E que venham novas prosas para suportar a ausência da poesia. Por outro lado, paradoxalmente, "a insuficiência da linguagem / torna substantiva a ausência" (Steiner citado por Vitale, 2021, p. 51), expressando o quanto as palavras podem elaborar a separação em uma via de mão dupla, quando vêm, e

---

\* Hegel e Freud – acrescentamos.

BEBÊS E INFÂNCIA

quando não: "O homem paga com a necessidade de se separar; ao ganhar a linguagem, perde a certeza diante da palavra." (Teperman, 2014, p. 22). Winnicott (1999, p. 53) é quase definitivo quanto a isso, já que as palavras também evocam lacunas nas mães: "As principais coisas que uma mãe faz com o bebê não podem ser feitas através de palavras." A arte, a poesia, o ritmo transcendem a palavra em si e nos sustentam, porque nos sustentavam, já antes de sua chegada:

> A paz
> de antes
> do verbo
> se foi:
> depois,
> o incerto,
> incluindo
> o ambíguo e
> recolhimento
>
> Para sempre
> isso e aquilo
> e nunca mais
> a simplicidade
> de dois sorrisos:
> o que se perdeu, um dia,
> verbo nenhum devolveria*

A palavra não dá conta, e algo não verbal e poético tentará continuar representando a lacuna, incompletude que a própria palavra escancara: "A pedra triunfa na escultura, humilha-se na escada." (Paz, 1982, p. 26). E, porque a palavra de uma prosa não dá conta, a poesia e suas "pré-palavras" tentarão representar novamente essa incompletude, tal qual a dupla analista-paciente (professor-aluno) repetindo o silêncio – e as palavras – até que possam se aproximar, nomeando e sentindo, do que falta. Como a repetição de uma batucada ou de uma capoeira:

---

\* Sem título, poema inédito.

É a capacidade de "psicizar", se me permite o neologismo, que está em crise: a aptidão de *expressar em palavras* a excitação, a angústia, o trauma. De *representar* aquilo, pelo meio que for: pintura, música, dança, esporte; mas, sobretudo, de nomeá-lo. (Kristeva & Sollers, 2019, p. 38, tradução nossa).

De certa forma, de olho na "psicanálise do bebê" – a minha psicanálise –, podemos contradizer o próprio bordão ou carro-chefe dos seus primórdios, quando foi chamada por seus autores de *"talking cure"*, a cura pela fala, e chamá-la de cura pelo silêncio (*"silence cure"*), em busca do acesso ao que havia (e não havia) antes da fala: ritmo, prosódia, preparação da eclosão da linguagem, em torno dos dois anos:

A palavra sobrecarrega
o que sinto;
mais ainda
o que penso.

Cura, às vezes,
é silêncio.*

Se a falha é do que houve (ou não houve) antes da palavra, a sua elaboração, a partir da transferência, precisa reocupar a cena anterior ao verbal. Com um silêncio, embora ativo e trabalhador, em meio à sua atenção flutuante, alimentado da prosódia. Por isso, um analista, como qualquer vivente, vale pelo equilíbrio de sua habilidade entre falar e calar: "Si no creyera en mi sonido / Si no creyera en mi silencio // ?Qué cosa fuera" (Sosa, 1983).

A coisa principal é a capacidade de soar, olhando e estando com: "O silêncio comprova o som. / O vazio, a existência. // E a linha em branco acima. / É a certeza do poema." (Gutfreind, 1988, p. 21).** Precisa muita qualidade de encontro sem falar até que se possa falar: "O bebê tem a importantíssima primeira tarefa de aprender a base não-verbal da interação

---

\* Poema inédito, sem título, feito especialmente para o livro.
\*\* Lembremos que a poesia, em sua técnica, entre a métrica e a versificação, é, entre os gêneros literários, o que mais conta com o silêncio das pausas.

social sobre a qual a linguagem será construída mais tarde." (Stern, 1991, p. 52).*

Por isso, precisamos estar de olho (e ouvidos) no não verbal, não só nos primórdios da aprendizagem, mas também no seu desdobramento. A não ser que consideremos como palavra a ardente, a verdadeira, fruto de uma ação emocionada parental, com uma história de encontros, sentimentos e pensamentos emprestados que a propiciou. E mesmo essa tem seus precedentes em interações afetivas: "Como inventar as palavras? Nada sai de nada. Inclusive se o poeta pudesse criar do nada, que sentido teria dizer: "inventar uma linguagem"? A linguagem é, por natureza, diálogo." (Paz, 1982, p. 216).

Palavra viva, carnal, ardente, de prosador e poeta, tal qual a minha, quando, poeticamente, eu começava a existir: "Toda ação principia mesmo é por uma palavra pensada. Palavra pegante, dada ou guardada, que vai rompendo muro." (Rosa, 2019) (o prosador). Palavra de poeta: "Não pode haver ausência de boca nas palavras: nenhuma fique / desamparada do ser que a revelou." (Barros, 2013).

A insuficiência da palavra se fará presente durante a vida inteira, onde e quando não será raro o momento em que uma atitude, uma posição, um riso, um choro – a emoção em estado mais natural – se mostrará mais consistente do que o coração escondido das palavras batendo cabeça em torno deles. E, já que estamos em um momento de retorno ao princípio, onde era a poesia, demos a palavra final a quem começou tudo isso: o cantador (tal qual as mães) que, com a coragem de enfrentar a distorção de nossos mitos (bíblicos, pessoais), captou o limite do verbo como forma de superá-lo; afinal, não há verbo que se preze se não foi precedido por sons, trocas e sentimentos que tenham sido suficientes para preparar a sua chegada. Sim, o som nasce do silêncio e do barulho dos corpos: "Depois é que veio o verbo / Um pouco mais lerdo / Que tornou tudo bem mais difícil // Criou o real, criou o fictício / Criou o natural, criou o artifício / Criou o final, criou o início / O início que agora deu nisso" (Tatit, 2000).

Dramaturgos sabem disso, quando imprimem pausas para que o texto ganhe força. Comediantes também o fazem, mirando o *timming* (ritmo).

---

\* O adulto em mim está pensando o quanto isso vale para análises em idades ulteriores, no cuidado de não empreender interpretações que possam se tornar violentas (Aulagnier), se não respeitarem o tempo necessário de uma interação, antes do advento da palavra.

Voltando para a prosa, sempre possível quando houve poesia, uma questão crucial é como resgatar a força poética do bebê no adulto. Tem a mediação da arte, como dissemos, e voltaremos a dizer, mas sugiro sempre estarem de olho e de ouvido no pré-verbal, no sensório, no corporal de suas contratransferências. Talvez, aqui, cães e gatos mostrem a sua humana importância. Na poesia pouco verbal do começo, enfim. No que se está vivendo, antes de ser dito. Relativizar, calando, a "*talking cure*". Poetizá-la, propondo a "*poetic cure*". Afinal, é a poesia que faz regressar a força da palavra que a própria prosa desgastou (Paz, 1982).

## A clínica, os sons e as palavras

Ocorre-me um exemplo clínico, entre outros. Em uma apresentação na qual tive a oportunidade de ser comentarista, a psicanalista Maria do Carmo Palhares[*] descreve a invariante analítica de um trabalho longevo (catorze anos de análise), em que constrói com sua paciente a possibilidade de que ela possa ser quem é, libertando-se da projeção narcísica de seus pais. Sem entrar, por razões éticas, em detalhes (variantes) do caso, detenho-me em uma frase do relato da analista que diz: "Vivemos uma experiência juntas, em uníssono".

Aí é que está. Em seu trabalho de coconstrução, a transferência permite que analista e analisando retomem os primórdios, o arcaico, reencontrando algum "uníssono" que permitirá, mais tarde, que o analisando se relance para (re)encontrar sua própria singularidade ou sua subjetividade: "Meu filho, meu filho / volto a te recolher deitado / no azulejo frio." (Carpinejar, 2007, p. 5), canta o poeta, e ouvimos a frieza da linguagem como a sua palavra ambígua, incompleta, repleta de lacunas, demandando que um analista de adultos conte com a contratransferência para ouvir-contar-penetrar áreas anteriores ao verbo, onde a incompletude do infante era, de certa forma, mais certeira, menos lacunar.

A ideia carnal é (re)encontrar um tom no encontro que dê conta do conteúdo da defesa: um riso, um humor, um instante sentido de verdade. Outro exemplo, dessa feita mais precoce: Luiz é um bebê de seis meses que não vocaliza e desvia o olhar de seu interlocutor. A mãe, com uma angústia

---

[*] Sessão clínica *Aquele que é está vivo*, por ocasião do lançamento da revista TRIEB, promovida pela Sociedade Brasileira de Psicanálise do Rio de Janeiro, em 9 de março de 2023.

compreensível, chora com ele nos braços. O sentimento do analista logo se torna análogo ao dela e possivelmente ao dele, ou da dupla. O analista sente um desejo explosivo de fazer um poema, com a necessidade de oferecer para mãe e filho a capacidade de chegar a uma metáfora, superando o vazio e o silêncio anteriores a ela. O poético da interação traz um esboço de poema ao analista: "Toda análise bem-sucedida / alcança um poema / em vida".*

O trabalho analítico será emprestar, em clima de resgate, a capacidade poética à mãe que a concederá para o seu bebê até que, juntos, criem seu próprio poema, como costuma fazer, na maioria dos casos, a díade mãe-bebê: "Cada sessão é uma poética e cada pessoa é uma poesia." (Kristeva citado por Horenstein, 2021, p. 117, tradução nossa). Não há interferência, não há interpretação, mas um compartilhamento poético.

## O canal do toque

O toque inclui gestos, postura, mímica. Ginga. Embalo. Em se tratando dele, convém já começar com a poesia, lá onde as palavras mais se tocam, não esquecendo a ideia winnicottiana de que o protótipo do maior cuidado concedido aos bebês é justamente tocá-los: "A base da personalidade estará sendo bem assentada se o bebê for segurado de uma forma satisfatória." (Winnicott, 1999, p. 54). Não é o que se diz, tampouco o que se olha. Ao fim e ao cabo do começo, é o que toca. O *holding*. O bebê humano – e qualquer animal – sabe quando está sendo bem segurado. A poesia continua sendo o representante do processo, através de suas palavras tocantes, graças ao ritmo:

> Com a Rural vermelha e branca rangendo enferrujada
> de um avô sorridente e econômico em parte – não
> na voz nem no sentido –, íamos até o cercado
> da avenida ainda pequena
> ver aviões pousar
> com a soberba
> do som.

---

\* *Haicai da análise*, poema inédito.

> O cercado era longe de ser o limite,
> pegávamos na mão do outro
> avô, avó, as tias, irmã,
> um estranho uma vez
> como se fosse a mãe,
> olhávamos olhares
> como se um toque
> de mão
>
> e, antes mesmo que um avião
> pousasse,
> éramos salvos pelo nosso voo.
> (Gutfreind, 2017, p. 17)

Salva-nos na terra o voo de um toque. Este, sim, faz voar, deslocar-se. Poesia, palavra musicada-maravilhada, tocando. Stern (1991) inclui no toque: 1. A possibilidade de eu ser movimentado, posto na posição ereta, identificando movimentos que podem competir com os meus de choro; 2. O abraço, que é tão importante, que vamos deixar o autor falar por si (Stern, 1991, p. 42):

> Primeiro, o contato ventre com ventre (peito contra peito) – o abraço – é estabelecido. Esse parece ser o tipo mais poderosamente tranquilizador de contato físico humano quando alguém está excitado e angustiado. Joey precisará ou desejará ser abraçado durante o resto de sua vida, em qualquer idade, quando estiver magoado, ou inseguro, ou triste.

Stern (1992, 1997) traz ainda um conceito muito importante: a harmonização afetiva, essa capacidade de "estar com" (comigo), não necessariamente em um toque concreto, mas como se estivesse tocando de verdade, por isso o incluo aqui. Será uma de minhas maiores bases de saúde. Tão necessária que pede um fragmento de prosa, de clínica e de poesia. A prosa, alheia: "Tudo parece muito simples quando vai bem, e a base de tudo isso encontra-se nos primórdios do relacionamento, quando a mãe e o bebê estão em harmonia." (Winnicott, 1999, p. 9).

A clínica, pessoal: por que John, terceiro filho do casal, apresentava dificuldades de aprendizagem, precisando fazer tantas aulas de reforço pedagógico, o que não foi necessário com as duas irmãs mais velhas? A reflexão com os pais apontava justo para o momento de sua chegada à família, depois que esses pais teriam "esgotado" a atenção com as primogênitas. A reflexão apontou também para a necessidade de "reforço" e resgate na atenção da dupla, promovendo com John encontros privilegiados em que, no parque, iam compartindo descobertas com o filho de doze anos como se ele tivesse dois ou três. E funcionou, relançando-o. Ao mesmo tempo, ou mais importante do que isso, modificavam a sua representação de que John era um "menino problema", menos capaz do que as suas irmãs. A poesia, do adulto em mim, a partir do toque, é um mapa de como eu vou me relacionar com os outros futuramente. Para entender, só sentindo. Para sentir, só poetando:

> este toque
> aponta o
> caminho
>
> se não me larga
> de ser sozinho,
> mais que mão,
> ele é um mapa:
>
> ter sido tocado
> é estar achado*

Encerrando o tópico do toque com o que devia tê-lo começado, ocorre-nos que o feto já ouve, por volta do sexto mês, enxerga em torno do oitavo, mas, bem antes disso, estudos ecográficos mostram que ele já suga. E, sobretudo, ao se sentir tocado, toca (Missonnier & Golse, 2021).

### Fragmento harmonizado

Stern (1991) não consegue descrever cientificamente o seu conceito de harmonização afetiva. Recorre, pois, à dança: "Antes de começar a amamentação, Joey deve tomar o mamilo em sua boca. Esta ação é um *pas de*

---

\* *Toque e som*, poema inédito.

*deux* coreografado." (Stern, 1991, p. 43). Com ele, hoje, concordam analistas contemporâneos e mesmo filósofos clássicos: "E é porque não é possível prescindir da educação nobre, da *dança* sob todas as suas formas. Saber bailar com os pés, com as ideias, com as palavras..." (Nietzsche, 2017, p. 70). Vê-se que preciso da arte para sobreviver. E para viver. Tenho recorrido à poesia, porque mães são poéticas, mas também recorro à arte (dança), nas observações do cotidiano como essa que vou descrever, porque uma interação dança. A harmonização afetiva é um conceito tão carnal que pede uma história, e aí vai ela, contada pelo adulto. Na rua onde moro, um homem velho passeia com o seu cão. Encontro-o quando passeio com o meu. Há uma verdadeira coreografia entre o velho e o seu cachorro. Toc-toc-toc, bengala, movimentos lentos, o homem custa a vencer calçadas, vãos e desvãos da rua. Há um determinado momento em que ele se detém para transpor os degraus de uma servidão e, exatamente nesta hora, o cão lentifica o seu passo. E o espera. Não há coleira. Não há gritos. Há um estar juntos no mesmo ritmo e velocidade de movimentos. Apesar do cão que não fala. Apesar do dono que anda com dificuldades. Há uma harmonização afetiva como a da mãe e o bebê (que não anda), em suas respectivas dificuldades. Nessa hora, até o meu cão, comumente agitado, fica parado como se saudasse aquele encontro primordial, antes do verbo.

### Fragmento do fragmento harmonizado

A canoagem, quando em grupo, vive da sincronia. É preciso que o grupo encontre movimentos harmônicos para que a canoa ganhe mais velocidade. Sem percebermos, desde a mãe e o bebê, somos uma canoagem. Sou o tanto quanto estiveram comigo, nessas águas, antes de nos separarmos para percorrer a terra. Um coletivo sustenta os pais que sustentam a canoa. O indivíduo nasce da díade. A díade nasce do grupo. O deslocamento vem também de quem me cuida, de sua capacidade de estar em sintonia comigo, como em uma dança: "É preciso seu amor, seu feminino, seu suingue" (Gulin, 2011).

### Fundo de metáfora

Ela – a dança – pode ser a véspera de minha capacidade humana de fazer metáforas:

> Essa maleabilidade (da criança e de sua interação), como capacidade de expressão de suas vivências, implica uma lenta passagem na construção de sua vida psíquica, por meio de uma linguagem do corpo que se integra passo a passo ao valor da palavra e da metáfora. (Guerra, 2022, p. 47).

Venho pensando, faz algum tempo, em um conceito que denomino "fundo de metáfora",* ou a capacidade de construí-lo a partir de interações de qualidade, da intersubjetividade para a subjetividade. Se bem-feito o trabalho – bem estocado –, a criança terá estofo para aprender ou adentrar novas metáforas, o que também vale para o analisando em sua análise, já que tanto as procura para a "cura". A cura ou a aprendizagem, em qualquer idade, não seria deixar de sofrer, o que é algo humanamente impossível, mas alcançar a possibilidade de, no sofrimento, deslocar-se entre essas metáforas que sabem e ensinam as infinitas formas de dançar abstratamente, deslocando-se, diante de um conteúdo concretamente dolorido.

### Fundo de dança

Roussillon (citado por Guerra, 2022), em um artigo chamado "A coreografia do encontro", descreve a importância de uma "coreografia corporal" dos primeiros encontros, em gestos que se ajustam – ou não – ao outro. Stern (1992, p. 49), precursor da imagem da dança, também encontra as suas palavras para o movimento: "O coreógrafo, na maior parte das vezes, está tentando expressar uma maneira de sentir, não um conteúdo específico de sentimento.". O autor salienta a importância – observada pelo bebê, ou seja, por mim – da expressividade intrínseca ou do afeto do progenitor. Eu preciso do outro para dançar, eu preciso dessa dança com o outro para ser eu mesmo. E só a arte poderia expressá-lo:

> A dança
> Parece
> Solta

---

* Poderia ser "estoque", em que há uma analogia com o conceito "fundo de memória", que Aulagnier (1991) considera fundamental para a passagem adolescente.

Pernas
Sobre
Nada
Braços
Espaço
Quadril
Vazio

Radio-
grafa
Pra ver:

Sobe
Pois
Outro
Olha

Só desce
Pois outro
Aquece

Só dança
Pois outro
Canta

Fios invisíveis
Entre dois corpos
Por enquanto
Indivisíveis*

## SÍNTESE E DESEJO

Espero que tenham compreendido a importância dos três canais de interação (o olhar, o verbo, o toque) e o quanto participam da construção da

---

* Sem título, poema inédito.

BEBÊS E INFÂNCIA 55

minha subjetividade e de sua capacidade, diante de outras subjetividades, incluindo os embates na aprendizagem, conforme veremos. Claro que a qualidade – intensidade aqui – do quanto fui desejado é muito importante para o meu desenvolvimento. Questões como "Quem ansiava por nosso nascimento? Quem nos aguardava ao nascer?" (Iaconelli, 2023, p. 185) são fundamentais, embora nem sempre sejam decisivas, voltaremos a isso. O assunto agora é tão sério que só recorrendo, novamente, a um poema. Se sou fruto dos olhares, dos sons, dos toques, a sinfonia não se daria com um mínimo de afinação, caso não houvesse um fio de desejo reunindo tudo isso. A poesia o traduz, desde o princípio:

> Diante do recém-nascido, o silêncio
> não engole o homem: – Querido filho,
> houve guerras e os fins guardam nomes apagados,
> os homens fizeram muita bobagem por aqui,
> há sequelas nas flores,
> sombras nas origens,
> cicatrizes nas mulheres,
> idosos de história triste,
> estrias vazias no campo
> do seio bonito e jovem
> que te aguarda. E pulsa.
> As leis protegem uns,
> outros nos arrebatam,
> há formas tortas nas vestes,
> há fomes graves nos ventres,
> arranhões em tanto caminho
> de que só tu saberás
> ao andar com outros
> e preencheres vazios.
> Mas eu gostaria que ouvisses
> o ritmo das cantilenas (não os conteúdos),
> elas contam que és filho de um amor.
> (Gutfreind, 2012, p. 25)

Difícil saber onde estão os primórdios, mas, seja onde estiverem, contam com música e desejo. Com amor: "Sou confiável – não por ser uma máquina, mas porque sei do que você está precisando; além disso, me preocupo, e quero providenciar as coisas que você deseja. Isto é o que eu chamo de amor neste estágio do desenvolvimento." (Winnicott, 1999, p. 87).

Além de não se esquecerem da rosa, como recomendou o poeta, não se esqueçam da transferência, como recomendou o psicanalista: um professor que deseja "ensinar" o seu aluno pode resgatar, no presente, um futuro menos alquebrado por um passado em que houve menos desejo. Ou, até mesmo, menos amor aparente. Enquanto estamos vivos, costumamos estar dispostos a sermos relançados para a vida e seus desejos.

## AS INTERAÇÕES PARA ALÉM DE SEUS TIPOS

Posso considerar que tive interações reais. Pergunto: o que realmente aconteceu na minha vida? O que fizeram para se ocupar de mim? Banharam-me? Trocaram-me as fraldas? Aqueceram-me o corpo? Alimentaram-me? Ofereceram-me o drama do abandono?

Freud já falava da realidade, mas o precursor aqui é o pediatra Brazelton (1981; Brazelton & Cramer, 1989). E, por mais que um bando de gente venha especulando sobre mim, eu sou mesmo fruto da realidade. Já contei o suficiente para sabermos que, nessa realidade, há trocas afetivas que são fundamentais para o meu desenvolvimento. De nada valeriam todos os cuidados reais se não fui olhado, tocado, banhado de palavras, investido através dos canais mencionados. Volto a insistir na ideia de eu ser um ser relacional que dependeu completamente do outro para ser como corpo, depois integrado à alma. A realidade não é assim tão simples e nem poderia ser fria.

No entanto, há casos, como o meu, em parte, em que fomos realmente cuidados. Afetivamente cuidados. Porém, nada disso impediu que um sofrimento maior tomasse conta de nós. Incluo aqui os habituais sintomas que fazem parte da existência (Winnicott), mas vou além do que a filosofia já mostrou no sentido de que somos seres inevitavelmente habitados pela tristeza e mesmo pelo desespero (Kierkegaard). Entram aqui as interações fantasmáticas, ou seja, as dores ou o sofrimento não dito e não elaborado pelos nossos pais. Entra aqui o transgeracional, tão estudado pelos adultos, hoje em dia (Trachtenberg, 2023). Então, a realidade e os afetos, por melhor que tenham sido, já não podem nos sustentar. Daí este mundo aberto de psicoterapias dirigidas a mim e ao meu entorno, em que o objetivo principal de muitas delas é historiar para nomear esses fantasmas, como defendia Lebovici. Digo muitas delas, porque outras (Cramer) propõem que a gente se detenha em reforçar as capacidades maternas, já outras ainda até acreditam que é preciso deixar o principal para mais tarde (Debray).

Lebovici (1998) chegou a cunhar – ele o buscava na clínica – o conceito de "mandato transgeracional", aquilo que, inconscientemente, os pais desejam para o filho (para mim), quase nunca coincidindo com o seu (o meu) desejo genuíno. Análises o revisam, aprendizagens, idem. Do mesmo Lebovici (1998), eu trago o conceito retomado de "*enactement*", ou o original de empatia metaforizante, mostrando a importância da atitude empática deste outro, cuidadores originais e cuidadores escolares – acrescento –, em um clima de liberdade consciente de atuação, como forma de deflagar a minha capacidade abstrata, fundamental para a cognição e a aprendizagem: "É preciso que o ato cognitivo se faça acompanhar de alguma competência imaginativa." (Moisés, 2019, p. 22).

A psicopedagoga Alicia Fernández (2001), a partir de Vinar e Bollas, refere-se a uma habilidade de "desadaptação criativa" ou "capacidade de dissenso", atrelando a inteligência às emoções que engendram um clima de liberdade e desobediência. Abraham e Torok (1987), na mesma direção, referem-se à cripta ou ao segredo que, sabe-se lá por que, eu absorvo e converto em sintomas. Daí esse segredo toma conta do ambiente. E não aprendo, "não dito" espalhado por tudo. Por isso, a importância de conhecer, de nomear, ponto central deste capítulo e do livro. Por isso, a necessidade de conjugar (Lebovici) as pesquisas objetivas sobre as minhas competências com toda a subjetividade que envolve a minha relação com o entorno. Sou o visível e o invisível: carne, alma, fantasia. Exemplo: certa vez, eu não conseguia adormecer. Isso foi enlouquecedor para mim e para os meus pais. Você já deve ter ficado uma noite sem dormir – poderia ser um tempo largo sem comer, como tantos colegas meus –, mas imagina o sufoco, noite após noite, mais de um mês sem dormir. A turma estava enlouquecida, até que foram consultar o Dr. Serge. Ele fez com que todos falassem, inclusive eu, que falei chorando, enquanto meus pais falaram falando; depois adormeci, quando já tinham falado. A mãe falou sobre a morte da mãe dela, uma avó que eu jamais conheceria. Após aquela fala, eu adormeci na hora. E pude dormir – sonhar – durante as noites seguintes.

Eu nunca pensei que a palavra pudesse ser tão importante, por isso passei a buscá-la. Mas só colhia a que era poética.

## ADENDO CULTURAL

Entre o real, o afetivo e o fantasmático, ocorre-me que também sou fruto da cultura. Bebês, somos forjados não somente pelo que os pais pensaram de nós, mas a época e a cultura fomentaram. Ao lado de um bebê real, afetivo, fantasmático – e ideal –, existe um bebê cultural (Golse, 2019). Sara Paín (1985) enfatiza o aspecto cultural da aprendizagem (e seus transtornos), por tratar-se de uma transmissão. O nosso bebê cultural contemporâneo é muito valioso, precisa logo deixar de ser bebê para que os pais estudem e trabalhem, mas, paradoxal e narcisicamente, não deixe de ser um adolescente. E, pior ou mais triste, tantas vezes sem direito à infância, por pertencer a uma classe socioeconômica mais abastada e ser submetido a uma agenda ferrenha, ou vir de uma classe menos abastada e ser jogado ao trabalho infantil. Entre o real, o afetivo e o fantasmático, ocorre-me que também sou fruto da cultura e, bebês, somos forjados não somente pelo que os pais pensaram de nós, mas pelo que sonharam para nós. Aqui e agora, com alguma poesia:*

---

\* *Vazio*, poema inédito, sem palavras. Aqui, o vazio de um poema sem palavras é intencional. Já estão bem descritas (Winnicott) as agonias primitivas de um bebê, entre a queda e o desmantelamento (Meltzer). Referimo-nos a certos momentos entre a mãe e o bebê, figurados aqui na página com um espaço em branco, levando o livro a enfrentar, metalinguisticamente, o seu próprio vazio.

## A AMBIVALÊNCIA

A ambivalência é a única certeza na relação entre a mãe e o bebê. Envoltos a sentimentos de amplo espectro, entre o amor e o ódio, a ambivalência de uma filiação e uma parentalidade é tamanha que, para expressar-se, recorre também à poesia, essa escrita mais próxima ao inconsciente e, portanto, mais ambivalente:

A mãe
o bebê
o abismo

é isto
aquilo
aquele

e aquela:
enormidade
na diferença

da idade
entre
a crença

e a descrença,
crescimento rápido
e lenta decadência

neste encontro
de onde não
saem impunes,

porém sobrevivem
se a canção os une.*

---

* *Abismo e canção*, poema inédito. Com um excesso radical de polarização, o nosso tempo vem se mostrando pouco capaz de experimentar a ambivalência.

## A INFÂNCIA

Então, aconteceu algo fantástico que só o tempo e seus encontros são capazes de construir: eu cresci. Meu aparelho psíquico começa a funcionar por si mesmo, com uma dependência relativa (Winnicott, 1994) do adulto. Mas, se me fosse dado – e está sendo – destacar algo que me seja agora garantido como direito, em minha existência, eu cravaria: brincar. É brincando que eu me entendo. É brincando que, agora, eu sou. É brincando que eu preencho os vazios. Winnicott (1994, p. 292), em uma consulta terapêutica com um menino de seis anos, utiliza, no final do encontro bem-sucedido, a imagem de poder "brincar com a loucura pessoal: Ele está lá, brincando comigo, e tudo está bem.". Utilizando a técnica do rabisco, possibilitou que a criança pudesse tão somente brincar e, assim, nomear a estranha loucura materna e suas repercussões em seu psiquismo.

A imagem, de certa forma, pode sintetizar o movimento de "cura" que acontece em análises de todas as idades, oferecendo o sagrado espaço de, mais do que bani-las, poder brincar com as nossas loucuras pessoais. No caso da criança – o meu, agora –, um dos efeitos mais valiosos costuma ser o incremento da capacidade de aprender:

> Embora não seja este o intuito deste artigo, quero adicionar que houve uma considerável melhora clínica em seguida a esta consulta terapêutica. Ela se mostrou no desaparecimento do bloqueio em aprender de que os professores do menino se queixavam e apresentou-se também na atitude geral dele em casa, em seu progresso no sentido da independência e em sua nova capacidade de funcionar normalmente com referência às excreções. (Winnicott, 1994, p. 292).

Por mais séria que seja uma aprendizagem, é brincando que eu continuo a existir. E voltemos à poesia, essa brincadeira do adulto:

> Para pensar
> o que respira
> é se esbaldar
> de incoerência
> até complicar:

o que respira
não pode
dizer-se
simplesmente
sem respirar

Simplifica
se brincar.*

Vocês perceberam que eu me interrompi com o poema... É poema, mas é aquela história: diante de um assunto tão importante, só a poesia, chancelada pela ciência, poderia me representar: "Os artistas, especialmente os poetas, tomaram como certa a unidade dos sentidos" (Stern, 1992, p. 138). Mais do que na ciência, está na poesia o que se passa entre a mãe e o bebê ou a criança, outro mantra de nosso livro. Dessa conversa, entre melodias e esboços de palavras primordiais (poema), extraio que o desafio maior da aprendizagem é o silêncio encontrar a voz. A própria voz. A autoria do pensamento (Fernández, 2001): "Quando a máxima saúde hoje / É pretender usar a voz" (Belchior, 1979).

Brincar poeticamente até achar a sua voz. O que mais deseja uma criação, uma análise ou uma aula? Contamos para isso com ritmo, continuidade, descontinuidade, apego, desapego, vínculo materno, paterno. Com escuta:

> O que importa é a música e o som, não a letra. Ela (a mãe) usa a música de sua voz como um cobertor, para envolver Joey e acalmá-lo, ou pelo menos para contê-lo um pouco até que ele comece a mamar. Ela também usa a voz como um marcador de ritmo, de início mais rápida que o choro de Joey, para superar seu ritmo; e depois lentificando, para controladamente trazê-lo a um estado menos excitado. (Stern, 1991, p. 41).

O que é mais importante nas pessoas nasce dos corpos: a partir de seus embates, encontra-se a voz e, no auge, essa voz reencontra o corpo, que

---

\* *A decisão*, poema inédito.

reencontra outro corpo para uma coreografia de certa maturidade que só a poesia do começo poderia retomar. Brincando, brincando para chegar a ser alma: "A linguagem revela o *self* em dimensões poéticas, mesmo ali onde aparentemente ela é simplesmente discurso. O homem em seu *self* é ontologicamente poeta." (Safra, 1999, p. 109).

## A BRINCADEIRA E A PSICANÁLISE

Freud falou, algumas vezes, da importância do brincar; em duas delas, pelo menos, de forma detida e mais profunda. Na primeira (Freud, 1908/1996f), mostrou que o adulto escritor faz como eu. Ele brinca com o texto, as histórias, as palavras. E nós precisamos disso para suportar a realidade.

Na segunda (Freud, 1920/1996g), mostrou que eu preciso brincar para suportar a separação, o meu segundo maior desafio. Descreveu a brincadeira de seu neto com um carretel como forma de suportar estar longe de sua mãe. Virou exemplo para todos nós. Se não o fizer, não poderei seguir brincando na escola, onde estarei separado da minha mãe. Ou seja, não poderei aprender.

Já que estamos falando nele, não podemos esquecer que Freud (1914/2004) descreveu o narcisismo, em sua parte, digamos assim, mais nefasta, quando a gente (bebê) é idealizado e, negada a desilusão inevitável, os pais não a abandonam. O resultado (dramático) é que não se pode ser quem é. E, não sendo quem é, a gente perde a capacidade de aprender o outro. Ou seja, de aprender. Porque precisamos ser nós mesmos para aprender com os outros: "filhos exímios e super parecidos com papai / mas nunca seus" – escreveu uma poeta (Romão, 2021, p. 49).

"Deixar, deixar / ser o que se é", canta a estrela de Vitor Ramil (1980), porque estrelas verdadeiras estão do lado oposto ao narcisismo: se brilham, é para deixar o outro brilhar.

Este abismo entre o idealizado e a realidade, ponto central em Freud, replica-se também para os nossos cuidadores. Soulé, entre outros, mostrou o papel importante que a decepção entre o bebê ideal e o real pode exercer no psiquismo materno, constituindo-se, inclusive, em fonte de depressão pós-parto, essa praga tão frequente para nós e nossas mães.

Sobre a brincadeira, Klein (1923, 1929) fez dela até mesmo o seu método para tratar-me. Ela entendeu que só poderia me entender brincando.

Outro autor importante, o Ferenczi (1918), disse a mesma coisa, através dos contos. Só posso deixar de ser onipotente se brincar de ser super-herói onipotente: "Se brinco / de arrogante / fica humilde."\*

Vocês não têm ideia da importância de contar histórias para mim... O adulto onde eu moro publicou livros resultantes de pesquisas sobre isso (Gutfreind, 2020). Sobre a brincadeira, Winnicott (1971/1975) fez toda uma obra, mostrando que é através dela, com seus objetos e seus fenômenos transicionais, que eu me constituo junto ao outro e, depois, através desse espaço (transicional), eu me separo do outro para ser eu mesmo: "O *self* se constitui, se organiza, se apresenta por fenômenos estéticos." (Safra, 1999, p. 25).

Aqui, fico pensando no quanto políticas de saúde que fomentem interações de qualidade – o adulto em mim trabalhou em muitas delas – são fundamentais para a saúde mental e a capacidade de aprendizagem.\*\* Aqui, fico pensando no quanto garantir espaços para que os nossos corpos se movimentem e brinquem é fundamental para tudo isso que a poesia precisa sustentar. Se não me deixarem brincar sozinho e com os outros, eu morro psiquicamente. E, obviamente, só podemos aprender estando vivos.

## O SEGUNDO SOL DA TRANSFERÊNCIA

Não se pode esquecer que existe a transferência (Freud), essa segunda chance para a gente se relançar no desenvolvimento e suas/nossas transformações. O tema, embora venha de um construto, é tão importante na prática, que vou reapresentá-lo com um poema, repetindo sons até que faça algum sentido:

**Com o resquício
do olhar primeiro
tênue**

---

\* *Quando brinca*, poema inédito.
\*\* No Mestrado de Saúde Coletiva da Universidade Luterana do Brasil, junto a comunidades carentes da periferia da Grande Porto Alegre, com pesquisas para promover o apego mãe-bebê, estimulando interações com cantigas de ninar e outras do repertório local. E com pesquisas-ações que promoviam a aprendizagem, utilizando o conto infantil junto a crianças que não conseguiam se alfabetizar (Gutfreind, 2020).

vago
pouco,

o novo
olhar
fogoso
faceiro
refaz o olhar inteiro.*

A própria linguagem é uma aquisição interpessoal, descoberta importante das últimas décadas, sentidos negociados entre um e outro. Felizmente, a escola oferece novas figuras e novos modelos – a psicanálise chamaria de objetos –, com uma outra chance para relançar-se. Para relançar-me. Falando nisso, Diatkine (1994) evoca a importância de uma análise para que a criança retome a vontade de aprender sobre si mesma. De minha parte, acredito que algo semelhante possa acontecer nos embates escolares, essas novas chances. Não é fácil, pois pode ser ruidoso. Mas, em sendo acolhido, pode se tornar melodia prévia à prosa da aprendizagem. A sequência parece esta: cantam-me que canto; contam-me que conto. Lembro que aprender é dar sentidos, receber sentidos, encontrar sentidos. A música da linguagem oferece sentido em si mesma (Golse). A melodia nova e doce da aprendizagem.

## FRAGMENTO BRINCADEIRO

Não é incomum – diz-me o adulto – procurar a história do aspecto positivo de um analisando. É menos comum que o façamos, já que os negativos atraem mais. Esse aspecto positivo é que nos faz não submissos, capazes de lutarmos para nos libertarmos das projeções parentais narcisistas mais tóxicas e chegarmos a enfrentar uma análise para aprofundar a luta. Ao cabo dessa viagem arqueológica de uma busca, podemos encontrar pais que, apesar de suas dificuldades, souberam abrir um espaço lúdico. E brincar. Deixar brincar. Então, vê-se que esse adulto não submisso deseja sentir mais e melhor para tornar-se mais pensante como uma criança que

---

* Sem título, poema inédito.

brincava, algo decisivo na luta do rochedo-opressão familiar com o mar da possibilidade de elaborar e de criar. A tal da "desadaptação criativa", de que fala Alicia Fernández (2001).

## OS BEBÊS E A APRENDIZAGEM

Voltemos a nós, que nunca partimos de todo. Nós, bebês, possuímos um aparato inato e aberto para as aprendizagens. A qualidade da interação e do meio serão fundamentais para que elas ocorram. Ou voltem a ocorrer. Experiências (de aprendizagem) são eventos poderosos em nossa vida. Estamos dispostos a elas e não dispensamos as oportunidades. O nosso "senso do eu" se organiza para tal façanha (Stern, 1992). Há um mundo subjetivo global precoce, mesmo que opere fora da nossa consciência. Ele organiza, ordena, diferencia, como um reservatório básico das experiências criativas: "Toda a aprendizagem e todos os atos criativos começam no domínio do relacionar-se emergente." (Stern, 1992, p. 58).

Aprender, portanto, é tão precoce quanto a nossa individualidade. E, nas suas bases, não é individual. Cuidar da aprendizagem é cuidar dos primórdios. E da relação com o outro. Mais adiante, de certa forma, será preciso retomá-los: "Sabemos que o que a criança aprende, mais que conteúdos, é um modo de vincular-se." (Fernández, 2001, p. 133). Walz (2023, p. 50), sobre isso, faz uma afirmação polêmica: cuidar não é educar: "Eu acho que não tem como ensinarmos. Isso se aprende, cada um por si. Mas o que podemos, como adultos é cuidar. O cuidar é a única forma para que esse aprendizado possa ser construído pela criança, de dentro para fora.".

Não há aprendizagem sem subjetividade ou intersubjetividade, em um trajeto também de fora para dentro, com a minha subjetividade de bebê suscitando relações intersubjetivas (Parlato-Oliveira citado por Colwyn et al., 2023). Assim nas relações originais – pensamos –, assim em seus desdobramentos transferenciais – sentimos –, tendo o cuidado e os encontros como fios condutores. Aqui há um ponto fundamental relacionado às funções da minha mãe. Ela precisou me "erotizar", me "ritmar", me "rimar", me "narrar" para que surgisse o meu desejo – o nome é meio feio: pulsão epistemofílica – de conhecer o mundo, ou seja, de aprender: "A vocalização humana se constrói em torno de uma necessidade de narrar uma história, e isso nos leva ao universo da significação." (Trevarthen et al., 2019, p. 87).

Nos seus *Três ensaios sobre a sexualidade*, Freud (1905/1996c) descreveu uma "pulsão de saber", atrelada ao apogeu da vida sexual da criança. Para ele, a tendência ao saber, por parte da criança, será a substituição dessa sexualidade, diretamente ligada ao grau de afinação presente nos encontros iniciais, entre estímulos e inibições. E, quando olhava o sofrimento infantil, pela primeira vez, através da psicanálise, Freud era claro e pertinente em suas ideias: "A ânsia por conhecimento parece ser inseparável da curiosidade sexual." (1908/1996e, p. 18).

Aprender, portanto, evoca coragem ou ousadia – o "ousar saber" kantiano –, tanto da parte de quem aprende como da de quem ensina (Silva, 2023). O sentido sexual – a libido – é freudiano, ou seja, amplo, dirigindo-se ao todo das necessidades e das gratificações. Guerra (2022), em seu estudo magnífico sobre os indicadores de intersubjetividade, com bebês entre zero e doze meses, elenca aspectos como o encontro dos olhares, as imitações, as protoconversações, as atenções conjuntas,* a interludicidade (ideia dele), a sintonia afetiva (ideia do Stern) como fundamentais no surgimento do saber.

Já temos, mesmo subjetivas, evidências importantes de que a qualidade dos encontros originais (erotizados, daí sexualizados) com as figuras parentais e seus desdobramentos na transferência, com cuidadores e professores, é fundamental para o desejo de saber: "A educação, portanto, não pode ser produtora de desencantamento do mundo, mesmo que esteja obrigada a superar o senso comum com evidências científicas. Ela atinge seu ápice com reencantamento." (Silva, 2023, p. 38).

Em nossas próprias reflexões, ante a hipótese de Winnicott (1960/2011, p. 44), "Minha tese é de que, na terapia, tentamos imitar o processo natural que caracteriza o comportamento de qualquer mãe em relação ao seu bebê", substituímos "na terapia" por "na aprendizagem". Parodiando esse autor, podemos afirmar que um aprendiz não existe sozinho, e toda reflexão ou ação, diante de uma dificuldade de aprendizagem, precisa olhar o desejo de saber, no contexto de uma interação. Bruner (1997), especialista da linguagem, utiliza a expressão "apreensão do contexto", situando a aquisição da capacidade narrativa ancorada na interação humana.

Não sei se repararam como a arte é importante nisso, entre a prosódia (música) e a narração (literatura), no corpo a corpo, no aqui e agora (em

---

\* Momento importante do acesso à intersubjetividade, com uma atenção compartilhada, que se desenvolve entre quatro meses e um ano.

vida), na ponte entre um e outro. Toda aprendizagem dá-se no cenário de um encontro mediado por algo que evoca o artístico capaz de tornar esse encontro aprazível, interessante. Dizendo de outra forma, quando aprendo, parece que estou aprendendo sozinho, mas, olhando bem, estou aprendendo com o outro, no acesso à intersubjetividade, no prazer de pensar e brincar junto. Voltando a parodiar Winnicott (1951/1969), mesmo quando estou brincando sozinho, estou brincando sozinho na presença do outro. Entre nós, está a arte e a cultura dos ancestrais. E assim será mais tarde, na aprendizagem do adulto, reencontrando o seu bebê.

Gauger (1994), em estudo sobre o estilo de Nietzsche, descreve a importância do acolhimento que o filósofo extremamente solitário precisava encontrar para poder produzir (ensinar-aprender). E cita Kleist: "Se quiseres saber algo e não puderes encontrá-lo através da meditação, aconselho-te, meu querido e engenhoso amigo, que fales sobre isso com o próximo conhecido, que cruzar o teu caminho..." (Gauger, 1994, p. 58).

Ninguém aprende sozinho. No início, concretamente. Depois, abstratamente, depois concreta e abstratamente para sempre. No começo faziam por mim. E, para fazer por si, é preciso aprender com o outro e, para aprender, ou seja, poder fazer sem que façam por mim, é preciso aprender a estar só. Na mesma linha, há uma espécie de princípio oriundo da convergência das pesquisas desenvolvimentistas e das reflexões psicanalíticas. Ele pode ser sintetizado por um punhado de palavras do Stern (1992, p. 92), um autor que reúne os dois ofícios: "Tanto o bebê quanto o cuidador também regulam a atenção, curiosidade e o engajamento cognitivo do bebê em relação ao mundo. A mediação do cuidador influencia grandemente o senso de admiração e a avidez de exploração do bebê.".

A ideia tem uma importância fundamental. Junto aos desenvolvimentistas, confirmamos a importância da qualidade do outro na interação para que eu me desenvolva ou aprenda a partir de minhas competências, entre inatas e a serem estimuladas. Aqui Stern (1992) se refere a "afetos de vitalidade". Não há aprendizagem sem vitalidade nos afetos. São eles que despertam o desejo de ler-saber-aprender, vida que fomenta vida: "Ser quer transformar-se em Verbo; todo Porvir quer aprender a falar com tuas palavras", conforme as palavras do filósofo (Nietzsche, 1992, p. 63).

O estilo artístico é o que abriga os afetos e fomenta a sua transmissão. Por isso – pensa o adulto em mim – toda mãe carrega intuitivamente um estilo estético, e os professores, idem. Não se trata de imitar, mas sim de compartilhar (afetos). Não aprendo só imitando, mas sendo sentido e sentindo. É afetivo no cognitivo. E só o amor ensina (Freud): "A sintonia do afeto, então, é o desempenho de comportamentos que expressam a qualidade do sentimento de um estado afetivo compartilhado, sem imitar a exata expressão comportamental do estado interno." (Stern, 1992, p. 126). O adulto me apresenta as palavras, mas o estímulo não basta. Precisarei processá-las dentro de mim, brincar com elas, torná-las minhas. Isso talvez explique por que, crescido, tem vezes em que eu não aprendo. Às vezes, porque não me apresentaram as palavras; às vezes, porque não houve um clima lúdico para eu me apropriar delas (como um leitor). Então, precisa refazer ou mesmo fazer boa parte desse processo.

Em uma obra clássica dos anos oitenta, baseados em pesquisas realizadas nos Estados Unidos, Bettelheim e Zelan (1984) mostraram o quanto os métodos pouco lúdicos e muito enfadonhos de alfabetização eram responsáveis pelo desinteresse das crianças no ato da leitura e da aprendizagem. Apesar da distância temporal e cultural, essas pesquisas ainda me dizem respeito. Se precisei do lúdico para aprender a regular-me, se a brincadeira e os afetos foram fundamentais nos meus cuidados objetivos iniciais, isso continua na retomada de minhas aprendizagens ulteriores, menos próximas do meu corpo, mas equivalentes ao que houve em torno dele: "O professor é muito exigido em seu contato com esse aluno para que possa refazer cada passo do seu desenvolvimento." (Ferreira & Araújo, 1996).

A leitura é um desdobramento da leitura em vida da vida inicial. Por isso, eu e a criança precisamos de uma boa história para aprender. E de quem seja apaixonada por ela, como antes do livro e da leitura, eu precisei em plena vida. Estou fazendo, entre outras, a hipótese de que não há causa única para a minha dificuldade de aprender, mas o ambiente (Winnicott) conta muito e, nele, a qualidade da acolhida e das interações: "Mas, além disso o ambiente é compromisso", canta Tom Zé, em sua canção crítica às novas tecnologias (Zé, 2014).

Podemos pensar que a falha na aprendizagem tem muito a ver com as dos encontros intersubjetivos primários que possibilitam a minha capacidade de subjetivação, de atenção, de regulação motora, com possíveis repercussões em outros quadros, incluindo a hiperatividade Prestar atenção na qualidade das interações e "abrir" as histórias familiares é muito importante (Guerra, 2022). Meus processos iniciais de aprendizagem dirigem-se ao corpo, aos objetos, ao mundo: "Lutamos por uma educação e por uma posição psicopedagógica que resgatem a energia de um *corpo*, autor da própria história." (Fernández, 2001, p. 132).

As pesquisas hoje mostram o quanto a harmonia das nossas interações com os cuidadores produz melhora, desde cedo, na nossa capacidade de explorar o ambiente, o que se manifesta com o foco do olhar e a atenção (Friemel & Tranh-Huong citado por Golse, 2006). Enfim, a nossa capacidade de aprender está atrelada às interações de nosso ambiente, o que poderá ser resgatado e relançado mais tarde, conforme estamos dizendo e repetindo. Precisamos de um bom repertório literário, entre poemas e histórias; um que entusiasme o professor para resgatar em seu aluno e (re)construir, com afetos de vitalidade, o desejo inicial de ler (n)o mundo.

Outro exemplo tem a ver com a minha linguagem pré-verbal. Eu grito. Mas eu não grito igual. Cada grito veicula uma mensagem diferente: eu sei gritar de fome, de frio, do que for (Prat, 2007). Aqui cabe a vocês, sem ânsia nem pressa, compreenderem o meu grito, o que ratificará, ou não, as minhas primeiras aprendizagens de comunicação, provável protótipo do que virá depois. Depois, na transferência, vem a nova chance, por isso gosto de lembrar: no começo precisei ser compreendido se o meu grito era fome, sede, fralda suja: "A palavra 'grito' não grita." (Didi-Huberman citado por Horenstein, 2021, p. 114, tradução nossa).

Depois, precisarei ser compreendido simplesmente, embora isso, às vezes, possa ser bem complicado. Aqui penso nos alunos que gritam e a importância de compreender o seu grito, em vez de simplesmente abafá-lo. Aqui penso nos alunos que não aprendem e podem estar gritando para dentro. Aqui penso na psicanálise e na psicopedagogia empenhadas em compreender os gritos. Por mais específicos que sejam, reúne-os a frustração de não estar sendo compreendido e, por isso, não poder compreender (aprender).

A dificuldade na aprendizagem de hoje pode ter sido ontem um grito incompreendido.

## OS BEBÊS E A APRENDIZAGEM – DO SENSORIOMOTOR ÀS PALAVRAS

Preciso de uma boa experiência sensoriomotora para desenvolver a minha identidade e, em especial, uma linguagem densa, com espessura (Prat), capacidade metafórica que faça o outro (eu, no caso) se (me) sentir um verdadeiro parceiro na relação para que as palavras ganhem sentido e se liguem a uma experiência emocional. E consigam comunicar. Eu acho que isso é poesia; no mínimo, literatura. Psicanálise, também. Aprendizagem.

Posso pensar que a minha dificuldade de aprender (minha hiperatividade, idem) é equivalente depressivo que se refere à minha mãe ou a mim mesmo. Não aprendo e meu corpo se agita, porque não posso dizer. "Salva-me, palavra minha!", disse uma poeta (Bachmann, 2020).*
"Minha vitória é verbal", disse um prosador (Genet citado por Millot, 2004).
"Coragem grande é poder dizer", cantou um poeta (Veloso, 1981).**
"Esquece-se com frequência que, como todas as outras criações humanas, os Impérios e os Estados estão feitos de palavras: são feitos verbais." (Paz, 1982, p. 230).

O que não se descarrega para fora, em termos de instintos, volta-se para dentro, interiorizando-se, sob a forma de doença (Assoun citado por Naffah, 1994). A observação clínica diária de crianças é inconteste: Antônio, de dois anos, estava às voltas com a aprendizagem de sua continência fecal. À época, quando lhe perguntavam o seu nome, ele não hesitava em responder: – Antônio Cocô. E o repetiu até chegar ao ato da continência fecal.

Toda literatura para crianças é plena disso. Em *Chapeuzinho amarelo*, Chico Buarque (2005) oferece para a personagem a possibilidade de repetir a palavra "lobo", muitas vezes, até que soasse "bolo". A elaboração do medo passa pela linguagem, pela palavra (poder dizer), mas de forma lúdica, ao poder dizer brincando.

De certa forma, a nossa vitória tem muito a ver com a possibilidade de dizer – e todos os seus precursores. Não aprender, como qualquer sintoma, é uma forma ainda torta de dizer. No fundo, toda vitória é verbal: "Canto somente o que não pode mais se calar", cantou Caetano Veloso (1978) sobre uma desventura amorosa, uma das causas prováveis de todas as desventuras na aprendizagem, esse processo amoroso. Convém lembrar que o que se canta precede o que se conta (o que se diz), logo, a escola precisa ser um lugar melódico, musical, cantante; às vezes tardia em relação à casa, mas sempre em tempo para se aprender e reaprender, desde que ela possa

---

\* Tradução de Cláudia Cavalcanti.
\*\* Nos amparamos na versão cantada por Ney Matogrosso.

contar, literal e figuradamente, com prosódia e melodia: "Lugar de samba enredo é na escola." (Sampaio, 1976).

A propósito, Anna Freud costumava sugerir que professores tivessem acesso à psicanálise. Faz sentido, no contexto do que viemos pensando e sentindo por aqui. Como vimos, aprender é primeiro aprender-se, o que significa ouvir o próprio inconsciente e seus significados cifrados, aparentemente inacessíveis para poder dizê-los. A sua apresentação não é didática, linear, cristalina, pelo contrário... Como ensinar isso sem haver aprendido? Traduzindo em poesia, linguagem precursora maior, não didática, linear, cristalina, balbuciante:

> A palavra é o que de mais consistente haverá
> para te agarrares
> em meio ao som
> gasoso,
>
> por isso cuida bem dela:
> lima e lustra ela em si,
> mais o que está ao redor,
> antes, durante, depois.
>
> E não esqueças:
> ela veio do olhar,
> tocar, brincar, cantar
>
> e, no próximo silêncio,
> será menos consistente:
> a força estará em dizê-la.
> (Gutfreind, 2023, p. 29)

Dizer para se sentir acolhido. Dizer para poder aprender. Dizer para dizer o dizer. Dizer para contar com o poder da palavra "que, ao simbolizar e produzir sentidos até então ignorados pelo analisando, desfaz emaranhados nós sintomáticos, diminuindo-lhe a dor psíquica." (Telles, 2023, p. 17).

Se os encontros ocorreram suficientemente bem (Winnicott), eu me tornarei um contador e um ouvinte de histórias. Sem o rigor do calendário, isso ocorre por volta dos três anos, quando me torno apto a interpretar o mundo verbalmente, do meu jeito, e assim contá-lo e contar-me. Ouvir-me e ouvir. Interpretar o texto do mundo, depois que aprendi a interpretar o (meu) mundo. Aprender, em suma, uma prosa que começou com a poesia: "Em Lisboa é que senti / os chineses têm razão: / nós seremos para sempre / prisioneiros de nós mesmos. // Discordei em Monsaraz, / contar pode libertar." (Gutfreind, 2023, p. 35).

Contar para aprender o que já contaram. Contar para libertar-se e aprender. Mas repito: as interações anteriores, da intersubjetividade à subjetividade, precisam ter sido suficientemente boas. Ninguém pode viver e aprender sozinho. Mas, acompanhado, pode voltar a aprender, mediante o "reconhecimento dos bebês e das crianças pequenas como seres linguageiros, ativos e interativos" (Barbosa & Richter citado por Cairuga et al., 2014, p. 89).

## OS BEBÊS, A APRENDIZAGEM E A TRANSFERÊNCIA, OUTRA VEZ

Da psicanálise, a partir do conceito freudiano (Freud, 1912/1996f) de transferência, podemos inferir o quanto a qualidade do outro, em termos de interação, será fundamental com a criança menor, pouco tempo depois. Trata-se de um verdadeiro trabalho de (re)educação de sentimentos, embora talvez não se possa aprender um sentimento. Eis uma coconstrução, condição básica para que eu aprenda, no começo e na continuidade. Qualquer busca de origens seria utópica, não há um ponto zero e, haja o que houver perto dele, já contém interações (Golse, 2006).

A escola dá suporte e continuidade à constituição do meu ser (Cairuga et al., 2014), junto à chance de reconstituir o que está falho. Para isso, espero que o outro – cuidador, professor – possa ser maleável (Milner, 1991) ou, como a própria palavra expressa, adapte-se às minhas demandas – desafio de uma escola –, deixando-se levar por mim. E possa ser suficientemente narrativo ou interessado em trocar histórias:

> Somos aqueles que acreditam que o bebê nos convida a repensar de maneira dinâmica e interativa um certo número de nossos conceitos que foram aprofundados, no seu tempo, de maneira estática e individual, e que isso hoje nos abre pistas promissoras. (Golse, 2006, p. 238).

O outro – mãe, pai, professora, professor – permite, de maneira maleável, que eu e a criança possamos expressar nossos desejos, integrar as vivências de mente e corpo, adaptarmo-nos à realidade, elaborar a angústia. Eles são um tradutor, uma ponte entre o nosso sensório e o que ele deseja representar, atentos ao que está dentro de nós. E ao que está fora (ambiente subjetivante), em um trabalho verdadeiramente polifônico (Guerra, 2022). Assim como a poesia precisa atravessar uma sessão de análise para re(construir) a subjetividade (Gómez Mango, 2009), ela precisa atravessar a sala de aula ou da creche, com o mesmo objetivo de abrir trincheiras para a aprendizagem. Venho repetindo ritmadamente: não é possível aprender a prosa sem a poesia que a precede.

Guerra chega a cunhar o termo "interludicidade" e chama a atenção para a importância de criar uma experiência emocional – poética – comum: "O atendimento deve ser quase individualizado, garantindo desta forma uma intensa relação de cuidados, trocas de afeto e significado que dão vazão ao desenvolvimento da inteligência." (Cairuga et al., 2014, p. 72). Aqui retomo um aspecto sobre o qual o adulto em mim reflete com frequência. A psicanálise tem, entre os seus carros-chefes, a escuta e suas possibilidades subjetivantes. E reparatórias, porque subjetivantes. A psicanálise vive dessa escuta – nem que no silêncio ("*silence* ou *poetic cure*") –, trazendo questões como a controvérsia de um tratamento a distância (em especial para nós, bebês): "Avante, pois, há o lugar do tato, do olfato, do olho no olho, do abraço, do estreitamento, esse mistério da presencialidade." (Silva, 2023, p. 185).

Dito isso, pensamos que precisou muita escuta para que o meu senso do eu evoluísse de nuclear para intersubjetivo e verbal (Stern). Precisou de muita escuta para que eu pudesse falar. Uma escuta lúdica, ao léu, de qualquer coisa, talvez porque escutar confirme a presença de um e outro: "Escute esta canção / Ou qualquer bobagem / Ouça o coração, amor" (Os Mutantes, 1969). Dito isso, pensamos que precisará de muita escuta por parte dos professores para que eu e a criança retomemos, na transferência, a nossa capacidade de aprender.

A imagem de Guerra (2022) – "reescrever" o processo de subjetivação – me faz pensar o quanto, na primeira infância, é fundamental que se instaure esse processo. Já a creche e a escola têm a oportunidade de relançá-lo. O sentido da escrita aqui conotado amplia o conceito da aprendizagem. Trata-se de aprender a ser, aprender a continuar sendo, aprender a sentir para depois aprender a aprender: "(A escola) precisa levar em conta os sentimentos e as competências dos bebês e de suas mães, tendo profissionais amorosos e afetivos que consigam construir vínculos e relacionar-se de forma empática com os bebês e seus familiares" (Cairuga et al., 2014, p. 78). Separar o cognitivo do afetivo não é comigo. Estão integrados, o que deve sinalizar algo importante para o meu futuro: "Cognição e afetividade estão de forma tão evidentemente intrincadas desde os primeiros tempos da ontogênese psíquica." (Golse, 2006, p. 310).

Nada disso muda quando eu cresço e a brincadeira se torna a minha forma principal de elaboração. Aprender, então, é poder continuar brincando e sentindo (pensando) todas as atividades que eu faço para sobreviver à ausência, depois de a presença me pensar e me fazer. Não há psiquismo que se instaure, se antes não foi pensando por outro psiquismo (Green, 1994). Mas isso é prosa penosa, e a poesia cumpre aqui, através da forma, o seu papel. Eu não aprendo a falar na concretude da linguagem. Ela precisa ser lúdica. Não pode ser desencarnada, desvitalizada, e constitui-se, especialmente, pelos aspectos não verbais da comunicação. São eles que fazem a espessura da linguagem (Prat), fundamental na aprendizagem primordial e nos seus desdobramentos.

Aqui estou falando dos começos, mas, na continuação do começo, continua assim. Não adianta olhar só no cognitivo as minhas dificuldades: "Os bebês, em seu humano poder de interagir, ou seja, em sua integralidade – multidimensional e polissensorial – negam o "ofício de aluno" e reivindicam ações educativas participativas voltadas para a interseção do lúdico com o cognitivo nas diferentes linguagens (Barbosa & Richter citado por Cairuga et al., 2014, p. 99). Terão de ir também ao inconsciente, aos meus conflitos, às peculiaridades do que está escondido por detrás de eu não aprender: "Com certeza, uma das questões principais que aborda a psicopedagogia clínica refere-se à análise do porquê e de como muitos humanos, bem-dotados intelectualmente, ainda assim não aprendem." (Fernández, 2001, p. 80).

Vão ter de me olhar. Vão ter de me ouvir e ouvir a minha família. Ouvir e olhar foi fundamental para o meu desenvolvimento e a minha manutenção:

> Nos primeiros anos de vida, o investimento de tempo e esforço nas relações afetivas tem forte influência no desenvolvimento cognitivo (processos de aprendizagem e capacidade de compreensão) e emocional. ... Além disso, o estímulo ao aprendizado, se feito de forma amorosa,

vincula a aquisição de conhecimento a uma experiência boa, o que se reproduz ao longo da vida. ... Para a criança pequena, o grande impulsionador do desenvolvimento é a *conexão emocional*. (Restano et al., 2023, p. 58).

Outro mantra de nosso livro, a conexão emocional é decisiva para a minha identidade, que é narrativa (Ricoeur, 2010), sem as quais – narrativa e identidade – eu não aprendo: "As pulsões não são 'cognitivas' – elas são emotivas, provocadoras de pensamentos dinâmicos, que narram histórias." (Trevarthen et al., 2019, p. 18).

## O SONHO

Enquanto fazia este livro, o adulto onde moro teve um sonho influenciado pela própria composição do texto que fazia. Ele estava, com a companheira, em um *show* do Chico Buarque. Em algum momento, Chico se tornava a própria filha. Algo da arte e da parentalidade, portanto, estava posto na cena onírica. Ao final do *show*, Chico e filha, que se alternavam como protagonistas, iam para a rua encontrar os fãs. A companheira do adulto onde moro quis tirar uma foto com ele. Depois, desvencilhando-se da foto, Chico viu um bebê batucando um pequeno tambor, alheio ao *show*, brincando. De onde estava, o compositor foi colocando palavras na batucada do bebê. Um verdadeiro samba que o sonho criava, e a vigília, mais tarde, não poderia reconstituir.

O olhar do artista dava a entender ao público que o bebê tem a noção da palavra através do som, do ritmo, e que a ele, Chico, cabia tão somente juntar o som com o sentido. Não raro, um psicanalista de adultos, atento a essas questões, tenta fazer a mesma coisa. Não raro, esse adulto pergunta-se como fazê-lo. Aí é que está. Parte substancial da psicanálise do bebê (a minha) partiu de observações diretas (cognitivas, desenvolvimentistas), nem sempre concordando com as teorias psicanalíticas.

O sonho com o Chico nos faz pensar novamente que um meio importante aqui é a arte, em especial a música, mas também as narrativas. A narrativa da aprendizagem depende da melodia que a precede. A arte sempre esteve próxima do sonho: "A música é uma das artes que conta a nossa história, e a voz é o mais precoce e o mais variado veículo." (Trevarthen et al., 2019, p. 87).

## PRIMEIRO FRAGMENTO

A cada manhã, eu volto a ser infante, por um momento. Já tinha sido, em parte, no sonho da noite, testemunha de uma história em que me faltavam cores e palavras. Quando acordo, levo um tempo para recuperar a nitidez das imagens. E as palavras:

> Essa falta
> sem palavras,
> não a toquem
> com os dedos:
>
> Ela explode,
> mesmo arde
> se o toque
> for concreto.
>
> Essa falta
> sem palavras
> só acalma
>
> com um som
> e seu sonho
> de palavras.*

A cada manhã, novos sonhos e palavras me devolvem ao desenvolvimento.

## SEGUNDO FRAGMENTO

Para a escrita deste livro, o adulto revisou pesquisas objetivas e experimentais dos cognitivistas e dos desenvolvimentistas, fazendo-as conversar com a psicanálise. Elas "provam" que, mesmo antes dos dois meses, eu, o bebê, já apresento uma protoindividualidade. As pesquisas são importantes e, às vezes, concordam com a metapsicologia; em outras, não. Mas a psicanálise, mesmo quando é ficção, oferece sabor e subjetividade aos estudos. E à vida.

---

* Sem título, poema inédito.

Nos livros que juntavam o experimental e o analítico, a parte mais difícil de ler era aquela antes de chegar ao verbal propriamente dito: a poesia.

### TERCEIRO FRAGMENTO OU SEGUNDO SONHO*

Boa parte deste livro foi construída em trânsito. Lembro-me do escritor Moacyr Scliar dizendo o quanto escrevia em aeroportos e viagens. Cheguei a dizer a ele, no Salão do Livro de Paris,** o quanto me evocava o conceito de transparência psíquica (Bydlowski, 1997), esse afrouxamento da função pré-consciente que ela identifica, por ocasião da gravidez e do puerpério, e que também vislumbro em deslocamentos geográficos.

Em uma viagem, por exemplo, houve tempo para estar em dois hotéis. O primeiro, mais caro e luxuoso, não tinha estilo em seus objetos e sua decoração. Seus trabalhadores não eram calorosos, percebia-se frieza e descontentamento. O segundo, mais simples, possuía estilo investido em cores harmônicas, quadros simples, mas com senso estético na ocupação de espaços. Seus funcionários eram calorosos, disponíveis, satisfeitos, identificados com o lugar que ocupavam.

Mais capítulos e de melhor qualidade foram escritos no segundo hotel, o que me fez pensar em parte substancial de nossas hipóteses aqui descritas. Um cuidado de qualidade, com disponibilidade e afetos de vitalidade (Stern), é gerador na origem (dos bebês, tema deste livro) e na continuidade (transferências de crianças e adultos, ao longo da vida), de mais subjetividade e criatividade. Em clima afetivo, há mais vida e mais obra. O bebê original e o que se desdobra vida afora serão sempre uma construção coletiva, de forma que a noção de interação é permanente.

### MATERNIDADE E CINEMA

Em um documentário sobre sua vida e obra, o cineasta francês Claude Chabrol (Maistre-Chabrol, 2018) atribui aos cineastas o dom de olhar as coisas (qualquer coisa) com entusiasmo, condição necessária prévia ao desejo de

---

\* Comentário do adulto onde moro.
\*\* Ele era escritor convidado, e eu trabalhava com bebês, em Bobigny.

filmar. A afirmação remete à condição materna do conflito estético, descrita por Donald Meltzer, e nos faz pensar que a mãe suficientemente boa, de Donald Winnicott, é também uma cineasta chabrolina. Na transferência, valerá o mesmo para a professora. Que seja, portanto, também chabrolina.

## FRAGMENTO DE DESDOBRAMENTO*

> "Tudo o que fazemos numa psicanálise bem-sucedida é desatar os nós do desenvolvimento e liberar os processos evolutivos e as tendências hereditárias do paciente."
>
> Winnicott

A teoria e a clínica com bebês, sensibilizada pelo olhar na interação, pode ter serventia importante no trabalho em idades ulteriores. Exemplos não faltam. Diz-se também que o tratamento com crianças costuma apresentar respostas mais rápidas, devido à plasticidade cerebral dos pequenos.** A ideia me remete à outra: do quanto é importante, no adulto, dirigir-se à sua criança que aparece na transferência e há de ser igualmente mais plástica e receptiva ao encontro. O parágrafo está complexo, mas foi o que o adulto me disse.

## SEGUNDO FRAGMENTO DE DESDOBRAMENTO

Pode estar no amor o evento posterior transferencial que mais evoque as interações dos primórdios (amorosos). Um de seus indícios aparece quando os amantes não conseguem encontrar lógica ou palavras para o vínculo que os uniu. Ou, se encontram, elas não sustentam nem superam o que os atrai, antes e para além delas, como a voz, o cheiro, o toque e, sobretudo, o indizível, aspectos registrados e retomados do primeiro vínculo. Quando o

---

\* Nos próximos fragmentos, sob a forma de vinhetas, o adulto mostrará situações em que me resgatou, na clínica, em outros adultos.
\*\* As neurociências já demonstraram a importância dos três primeiros anos para a formação do cérebro, de suas sinapses e conexões neurológicas (Cairuga et al., 2014).

poeta francês Mallarmé (2023) diz que a carne é triste e ele já leu todos os livros, pode estar dizendo que há, em todo amor, uma espécie de repetição, retomada de amores anteriores, em especial o primeiro. É transferência, mas sujeita a novidades, no grande paradoxo de um amor. E, por ser amor, há mais: este, de adultos, pode ser uma renovação da busca de intersubjetividade, cujo protótipo é o amor do começo, entre bebê e figura materna. Amo para poder amar o que amei e amarei. A construção da subjetividade no amor de gente grande é o que transcende o corpo e a carne, na viagem do concreto-pornográfico ao abstrato-erótico, marcado pela construção de um vínculo subjetivante. O parágrafo está complexo, mas foi o que o adulto me disse.

## TERCEIRO FRAGMENTO DE DESDOBRAMENTO

Mário é um jovem adulto cuja análise gira em torno de um importante conflito conjugal. Ele se queixa com frequência do olhar da esposa, descrevendo-o como "murcho, caído, que o põe pra baixo". Também costuma repetir que se trata de um olhar familiar. Quando lhe perguntei a quem da família o olhar remetia, respondeu que à mãe. A mãe de Mário tivera uma grave depressão pós-parto que marcou o primeiro ano da vida de seu filho, evento fundamental do passado que volta a ser olhado, no presente, pela análise. Anos antes, o adulto em mim fez este poema: "Ela viu / no meu olho / o brilho do olho / de seu velho tio / E riu / porque assim daria / porque para amar precisava / uma conexão de amor com a família. // E do que estão rindo? / Vocês não precisam?" (Gutfreind, 1995, p. 26).

Cabe evocar poemas, junto à transferência, porque a minha fala com Mário é fundamental no conteúdo (interpretativo?), mas, sobretudo, no tom. Para ter algum acesso a ele, eu preciso ser poeta diante de um sofrimento tão arcaico, dentro de um contexto apoético. Com frequência, negligenciamos a importância do tom (ritmo, prosódia) nesses momentos de transferência em que estamos diante de um bebê no adulto, à espera de se relançar em uma interação materna de mais vitalidade, com arte e musicalidade. Não sou a mãe dele e, sim, o coabridor do espaço poético em que isso será expresso, mas, paradoxalmente, sou. Pouco importa o gênero dos envolvidos ou os tempos que, no inconsciente, nem existem. Para alguns adultos, *borderline* em especial, de nada vale a palavra se não vier acompanhada do seu tom afetivo (triste, raivoso, pouco importa, desde que se importe com o afeto, ali presente).*

Sabemos da importância da variação de tons na emissão das palavras (ausentes ou diminuídos em mães deprimidas) para angariar a nossa atenção de bebês transferenciados, aumentando a intensidade e a qualidade das interações. Guardo em mim todas as idades, poetou Hecker Filho, o que é fundamental para a prosa do nosso trabalho. A aprendizagem é uma prosa que depende de uma retomada poética. Pais e analistas podem até não ler poesia, mas não é recomendável que não a pratiquem.

## QUARTO FRAGMENTO DE DESDOBRAMENTO

Há um problema de comunicação entre Geraldo e sua esposa. Ela pergunta se ele prefere jantar fora e, insatisfeito com a pergunta (para ele, de óbvia resposta), Geraldo muda de assunto, com a ideia (o desejo, a necessidade) de que a esposa soubesse o que, para ele, era uma obviedade. Passado o assunto forjado, ela repete a pergunta. Novo desvio, novo assunto até que, na quinta vez em que a pergunta é repetida, Geraldo explode. Esse é, novamente, o tema de sua sessão.

Raízes possíveis para tal desdobramento até então inevitável podem estar na qualidade de suas interações precoces pré-verbais, diante de uma mãe bastante ansiosa que – hipótese – inibia o filho em suas manifestações cabais de expressar o seu desejo. O problema não estaria na palavra que não é dita, mas na inoperância expressiva do que não consegue ser revelado e compreendido, antes da chegada da palavra. Eis parte substancial do trabalho com Geraldo, a reconstituição dos primórdios, com muito "estar com" em silêncio. Por mais que busque a palavra, o cenário ali é muito antes dela.

## QUINTO FRAGMENTO DE DESDOBRAMENTO

Isadora é uma jovem adulta que não escapou ao diagnóstico de transtorno narcisista de personalidade. Vinda de uma família de intelectuais, é uma

---

\* Otto Kernberg, comunicação oral não publicada.

mulher tão inteligente quanto arrogante. E autodestrutiva. Procurou seu analista com o objetivo manifesto de provar que ele é um embuste, e seus livros são superficiais, de autoajuda. Às vezes, com ela, brinco comigo mesmo: não é difícil provar que somos um embuste. Ela resgata, na contratransferência, a minha síndrome de impostor. Como não podia deixar de ser, a transferência é negativa, e tudo está ali para provar que o analista erra, sempre que fala, cala ou, sobretudo, escreve. Não há saída, a não ser localizar aquela transferência em uma criança pouco acolhida pelos pais (muito intelectuais e de pouca vitalidade afetiva) e, menos ainda, incentivada no melhor de seu narcisismo.

O objetivo dessa análise passa a ser, primeiro, relacionar-se verdadeiramente com ela, acolhendo a dor escondida nos ataques para, depois, reconhecer as razões da falta e, em especial, aquela dor das emoções decorrentes dela. O mais importante é a forma, silenciosa, do seu tema: permanecer nessa posição difícil e cansativa, alvo de um bebê arcaico, tirânico, narcisista, carente. Anos depois, colhemos o fruto disso, quando Isadora apresenta níveis menores de arrogância que permitem torná-la socialmente operante. E uma intelectual competente em sua área (sem livros "de autoajuda", certamente). E, sobretudo, afetivamente operante. Suas prosas hoje são muito boas, mas sabemos o quanto precisamos, antes, cavoucar a poesia.

A propósito, Donald Moss (citado por Civitarese, 2020) propõe um método de transformar (decompondo) a prosa de algumas frases marcantes (na sessão e na vida) em verso, valendo-se das pausas deste como forma de acesso à entrelinha do que é dito e perpassa o ritmo, a imagem, as escalas primordiais, como que "despalavrando" para chegar ao anterior da palavra,* colocando a mente do analista em sintonia com o poético transferenciado do analisando. A leitura de Moss, a partir de Civitarese (2020), me faz pensar que, como analistas, somos mais do que leitores de poesia. Somos "resgatadores" dela, garimpando o que pode haver de instante poético na prosa longa de uma sessão.**

---

\* A boa poesia pode chegar ao corpo da palavra (Civitarese, 2020), o que nos remete a pensar em um retorno simbólico (ou nem tanto) ao próprio corpo, onde e quando ainda não era palavra (entre a mente do corpo e o corpo da mente, como ele diz).
\*\* Tais referências me foram apresentadas pela psicanalista Keyla Carolina Perim Vale, em trabalho ainda inédito, no qual ela mesma as utiliza para compor um método pessoal de transformar as suas próprias falas e as de suas analisandas como forma de adentrar as entrelinhas e recuperar a música do princípio. As imagens felizes utilizadas no parágrafo anterior ("despalavrando" e "escalas") pertencem, originalmente, a ela e à sua poesia, a quem agradeço vivamente.

Há aqui uma ponte com o trabalho de Flavia Genta (2021), que propõe uma escuta musical, transformando em poemas a fala dos analisandos e, em alguns casos, devolvendo-os a eles, com resultados bem interessantes. Ela valoriza, a partir de Bion e sua metapsicologia revolucionária de transformações (elementos beta em alfa), os raros e desejados momentos poéticos de uma sessão. E evoca N. Abraham, quando este dizia em relação ao paciente: – Que entre o próximo poeta!

A anedota lembra-nos seriamente a hipótese apresentada neste livro e em nossos trabalhos anteriores de que analisar é garimpar não o próximo poeta, mas o primeiro, responsável pelo prosador-aprendiz que o sucedeu.

## SEXTO FRAGMENTO DE DESDOBRAMENTO

Milena, uma jovem adulta, sente-se muito angustiada com uma crise conjugal que teria começado no dia do casamento. Suporta mal as "ausências" do marido, aquelas devidas ao trabalho, ou essas em que ele está presente fisicamente, mas não emocionalmente ("nem aí pra mim"). A análise aponta que as descontinuidades do parceiro no presente evocam as do passado de Milena: nos dois primeiros anos de sua vida, a mãe viajava com frequência. A propósito, Winnicott (1994) refere-se ao encontro de aspectos esquizoides no adulto como o reencontro do bebê. Na transferência com Milena, a mesma contrariedade acontece, diante de minhas desconexões, quando estou em meus piores dias ou simplesmente "ausente", como referia Rodrigué (2006).

## SÉTIMO FRAGMENTO DE DESDOBRAMENTO

Silvana, uma mulher adulta, antecipa o sentido que eu dou a seus gestos e suas falas. Surpreende-se quando não atribuo a eles um tom violento, pelo contrário: sinto-os – e o digo – como manifestações firmes para eu perceber que ela está ali. Ocorre-me, pensando nos bebês, que um arroto pode ser interpretado como uma satisfação ou um insulto. Vale o mesmo para um movimento mais brusco do bebê: amor ou violência? A transferência e a contratransferência constituem-se em uma posição privilegiada de reaver o cenário mais (ou menos) poético do encontro inicial entre uma mãe e um bebê. Aqui pensamos na importância do corpo nessa transferência e o quanto ele fala (grita), diante de um bebê transferido em um adulto.

## OITAVO FRAGMENTO DE DESDOBRAMENTO

Uma analisanda utilizou a imagem do jogo de peteca para expressar a sintonia, onde esteve presente ou não, em suas relações afetivas atuais. Por estar em análise, vasculhávamos os primórdios desse jogo da vida, lá onde o passado e seus outros jogos teriam aberto caminho para o presente, em que encontrávamos uma mãe com dificuldades para "estar com" ela (no sentido de Stern), mas que lhe proporcionou um bom encontro com a avó, essa sim, uma excelente jogadora. A imagem me parece excelente no que figura de lúdico ("jogo"), base de interações harmônicas para uma criança, e por trazer a ideia de um jogo ("de peteca"), em que o mediador precisa ser devolvido de forma ritmada, em boas condições para que (o jogo) possa continuar.

## BREVE FRAGMENTO DE DESDOBRAMENTO

O médico não tranquilizou aquele analisando sobre o prognóstico do seu tratamento. E o prognóstico parecia excelente. A análise apontou para a mãe que não o tranquilizava quando o punha para adormecer.

## FRAGMENTO ALIMENTAR

Rea é uma adolescente com transtornos alimentares de longa data. No retorno de um acampamento com as amigas, conta que teve uma gastroenterite intensa, associada a um excesso de alimentação, no contexto de uma cozinha coletiva. Rea relata detalhes de sua diarreia e de seus vômitos ("sem bulimia"), realçados pelo seu vocabulário chulo, e acompanhado por balbucios para imitar os sons. A contratransferência esboça em mim um sentimento de nojo que não vai adiante (sinto uma náusea passageira) e logo se torna uma sensação de fastio, acompanhada da lembrança do quanto a mãe de Rea, uma mulher com muitos sintomas obsessivo-compulsivos, apresentava dificuldades na alimentação do seu bebê, com um comportamento que sempre evitou qualquer sujeira, durante as refeições. Lembro-me, nessa hora, do quanto a minha mãe não era obsessiva, ao me deixar sujar a sala com argila. A partir dessas lembranças, o analista estimula que Rea possa descrever soltamente os efeitos de sua gastroenterite, estimulando-a no vocabulário escatológico mais direto para descrevê-la, bem como nos sons realistas de puns e arrotos. Ela se diverte com a cena; eu, idem.

## FRAGMENTO SIGNIFICATIVO DE DESDOBRAMENTO

"Apesar dos livros que testemunham
a esperança, ela não é capturada
pela escrita, pois quer ser cantada."

Maria Carpi

Pode ser este o desdobramento mais representativo, por aqui, da reaparição do bebê no adulto. E, antes, lembro-me do Winnicott (1994) sugerindo, faz décadas, que a psicanálise precisará enfrentar as suas resistências de conhecer diretamente os primórdios, se quiser aprofundar a natureza da compreensão de alguns transtornos que aparecem na vida adulta: "Estas descrições (dos modelos teóricos clássicos sobre os bebês) têm sido sem dúvida relativizadas pelos estudos contemporâneos sobre a observação das interações precoces." (Lebovici, leitor e amigo de Winnicott, 1987, p. 32).

Yolanda, uma mulher adulta, vasculhava, como em toda análise, a infância e os primórdios de sua vida. (Re)encontrava um ambiente de muitos irmãos e primos vivendo na mesma casa, todos com idades próximas. Guardava a sensação (doída) de contar com pouco tempo de atenção exclusiva para ela. Não recorda que lhe contassem histórias, tampouco de que cantassem para ela. A análise resgata algumas canções que conheceu depois de adulta, mas também a lembrança do pai tocando (mudo) violão, diante dela. Agora, na nova versão que a análise lhe proporcionou, pode pensar que ele também cantasse, além de dedilhar as cordas. Em algumas sessões, Yolanda canta; às vezes, eu a acompanho. Um dia, diz que vem se sentindo acompanhada por melodias que ainda estão sem palavras. Era como se recuperássemos a prosódia dos primórdios, resgatando o talvez (não tão) pouco que pôde ter delas, através do pai, ou alhures. Ao mesmo tempo, ela ia encontrando cada vez mais palavras para traduzir os estados de sua alma, inclusive e sobretudo esse ligado à dor da falta.

É interessante evocar que um dos sintomas de Yolanda, durante a sua análise, foi o aumento de uma sensibilidade ao olfato, com reações alérgicas nos olhos e na pele. Ao autorizar a difusão desse material expressivo, embora pouco ficcional ou deslocado, essa analisanda fez um comentário em que enfatiza a desafinação de seus familiares (que eram músicos) e, mais ainda, a gratidão sentida pelas melodias que vinha conseguindo (re)encontrar.

## Comentário de Yolanda*

*Yolanda imediatamente me remeteu à canção de Chico Buarque, na verdade, ao poema melodioso de Pablo Milanés em seu momento de saudade.*

*A música é uma arte que acontece no tempo... e é preciso ritmo para dizer a ordem e qual o momento em que cada som deve ser tocado... o ritmo carrega as sensações e as intenções da música difícil e sensível precisão...*

*Minha família é de instrumentistas (eles não sabiam muito bem disso) ... Acordeão, bateria, violão, gaita, pandeiro me acompanharam durante toda a infância e deram vida à casa... uma casa musicalizada, entretanto muitas vezes desafinada, principalmente aos olhos de uma criança ávida de cantarolar. Algumas palavras vieram mais tarde, traduzidas pelo entendimento sofrido e acolhedor de que cada um possui seu próprio dicionário musical e a compreensão de que muitas vezes os poemas e o amor somente podem ser orquestrados. O som da sanfona ainda ecoa em mim e com ele todos os olhares envoltos dos mais diversos ritmos... enquanto alguns sambavam, outros valsavam, às vezes todos bailavam juntos à mesma duração, pausa e ritmo.*

*Difícil não aparecer o bebê, se se fala de poesia, e melodia, se se fala do início e, se fala do início, os maestros compositores aparecem... Devo a eles gratidão e beleza, pois me ensinaram os sons e as melodias que conheciam... mesmo que desafinados me permitiram por* imprinting *a capacidade de descobrir meus*

---

\* Obrigado, Yolanda, pela coescrita e pela autorização para compartilhá-la. A inclusão de tuas palavras traz um inusitado em produções desse gênero, o que só posso atribuir a um clima criativo e original da presença de bebês (ops, eu ainda estou por aqui).

próprios instrumentos e talvez compor minhas próprias músicas, com a melodia que eu escolher, no ritmo que nos lembre e, quando houver e puder, nas palavras que nos traduzem...

## FRAGMENTO DE DESDOBRAMENTO TÉTICO-ERRÁTICO

É preciso não se esquecer dos cães (ou gatos) que, sem as palavras humanas, oferecem uma interação profunda e verdadeira. Evoé, Bowlby! Estabelecemos com eles relacionamentos que prescindem dessas palavras e, justo aí, guardam a sua força. Aqui, coleciono uma outra história: Bóris, cachorro de minha filha, quando está entre o sono e a vigília, deitado de olhos fechados, costuma abanar o rabo ao ouvir a voz humana. Mas não é qualquer voz. Precisa conter alguma prosódia ou musicalidade que lhe mobilize os afetos. No caso de nossas vozes, abana de vez em quando. Mas, sábado à tarde, quando Bóris está próximo à televisão ligada, a voz do apresentador Marcos Mion não falha nunca. É ele iniciar suas prosódias de entretenimento, entre graves e agudos, que o cão, deitado de olhos fechados, abana o rabo. Com afinco. Sempre.

## FRAGMENTO DERRADEIRO – O SILÊNCIO, ENFIM

Sônia, uma jovem adulta, apresentava muitos sintomas obsessivos que se manifestavam em defesas que recorriam à intelectualização e, sobretudo, em uma retórica preenchendo os nossos encontros com falas circulares, sem encaixe com os afetos que as produziam. Chamávamos isso, em nosso próprio vocabulário (reativamente econômico), de "remoer tantas palavras para evitar a força de uma só". A sua análise progrediu para a diminuição dos níveis de retórica, e a "cura", paradoxalmente, foi poder suportar cada vez mais o silêncio. Um silêncio com a qualidade que lhe faltara, no começo da vida, marcado pela projeção maciça de aspectos depressivos maternos. Houvesse uma frase para sintetizar o que coconstruímos, seria "reaprender a calar para relançar-se em melhores condições na busca pela palavra reencaixada no afeto".

## UMA PALAVRA EMPRESTADA PARA A CLÍNICA

> Ela (a clínica do bebê) deve também ser finamente o mais possível descritiva. Ela deve também ser interativa e, cuidadosamente, levar em conta a vivência emocional do clínico e, enfim, ser absolutamente "historicizante". O encontro entre um adulto e um bebê representa sempre um "espaço de relato", onde cada um conta ao outro alguma coisa da sua vivência. O corpo e o comportamento do bebê nos "conta" algo de sua história interativa precoce, enquanto, no adulto, permanece vivo a criança que ele foi, que ele crê ter sido ou que ele teme ter sido. (Golse, 2006, p. 42, tradução nossa).

Estive um pouco ausente nos fragmentos de desdobramento, mas agora eu voltei. Golse vai direto ao ponto que retomamos neste capítulo e ao longo deste livro: o meu desenvolvimento emocional depende da qualidade dos encontros, que são de base poética e eminentemente narrativos, resgatando duas histórias para construir uma terceira. E muitas outras. Uma delas é a aprendizagem, atreladíssima às duas primeiras. Essas bases são lançadas no primeiro ano de vida (Winnicott, 1958/2011), embora estejam sempre disponíveis – transferência – para serem relançadas. O autor está amparado por outros, conforme apregoa Stern. Este chega, em suas pesquisas, a cunhar o termo "auto-história", com a hipótese da existência de um eu nuclear, ainda que efêmero, nos primeiros meses da minha vida, quando já sou capaz de experimentar uma continuidade (ou historicidade), no sentido winnicottiano (1958), de se(me) sentir continuar sendo. Para tanto, eu precisaria dispor de uma memória motora, mesmo que sem palavras, essa que Bruner demonstra estar presente, já nos primórdios da minha vida de bebê, um ser capaz, desde muito cedo, de viver individualmente experiências subjetivas. Exemplos disso estão no já tão precoce jogo de esconde-esconde, no qual as observações deixam claro o quanto eu me diferencio do outro. A qualidade do investimento desse outro me lança ludicamente no interesse pelo mundo (aprendizagem), que já não desejo – porque brinquei – esconder da realidade: "Escola não é prédio, mas uma experiência geracional de troca que deveria ser enriquecida e valorizada, na qual as pessoas que passaram por coisas distintas podem compartilhar conteúdos que ajudem as crianças a se prepararem para a vida adulta." (Krenak, 2022, p. 114).

Há uma afirmação de Pedersen (Pedersen et al. citado por Lebovici, 1987) que surge como importante: a ausência de trocas com o pai costuma afetar o escore cognitivo de um bebê. Há uma afirmação de Wolf (citado por Stern, 1992, p. 96) que surge como cabal: "A solidão, a solidão psicológica, é a mãe da ansiedade.". Acrescento que a ansiedade excessiva costuma ser a mãe das dificuldades de aprendizagem. E, por mais que estejamos banhados de afirmações, o que mais conta, nesta hora, é a reafirmação de um encontro com qualidade afetiva. O afeto, sim, é a maior de todas as didáticas.

## CONSIDERAÇÃO POÉTICO-CIENTÍFICA FINAL

Retomo o começo, a partir do próprio título. Não poderia ser mais apropriado. Dançamos em torno da ideia de que eu não sou nem nunca fui um tubo digestivo autista, subcortical, sem competências. Sou curioso, sou alerta, tenho ânsia por conhecimento. Sou competente. Sinto, observo, tenho uma vida psíquica complexa. Sou um *enfant terrible*. Sou crítico, desconfiado, observo e comento, do meu jeito. Quero participar de tudo. Se esqueço – e esquecem – disso, é porque Freud acertou ao dizer que houve recalque (Balint, 2022).

(Des)enlaces da escolarização. Está no título deste capítulo. A imagem de laço cai bem, pois é a minha capacidade e a do meu cuidador de nos enlaçarmos que fez quem eu sou, um ser capaz de sentir e aprender. No entanto, se o laço foi de qualidade, o destino de minha história é justamente desenlaçar-me para aprender por mim mesmo, no "desenlace" da aprendizagem. Um jogo de palavras, eu sei, mas o melhor de mim veio do jogo. Será que pude aprender isso? Será que posso ensinar isso?

De certa forma, no começo, aprendi, nos "sins que me deram", a dizer "não", dizendo. Sendo olhado, tocado, dito para a vida, sim. Com o tempo, a ênfase, em meio a lacunas, esteve em eu aprender a dizer dizendo. Ao final de um livro bastante citado por nós, do poeta e crítico literário Octavio Paz (1982, p. 309), ele pergunta: "Será uma quimera pensar numa sociedade que reconcilie o poema e o ato, que seja palavra viva e palavra vivida, criação da comunidade e comunidade criadora?".

Pensamos que este livro responde afirmativamente à pergunta do mestre. Que a poesia, proveniente da mãe, e as interações poéticas emanadas na díade mãe-bebê, realizam a quimera de um poema próximo ao ato, feito com a palavra viva, vivida, encarnada. Que o poético integre os tempos silenciosos e falantes. Agora já posso dizer prosaicamente: devo às horas de antes, detidas em mim, o melhor de minha capacidade de deter-me, hoje, na aprendizagem.

# 2

## O QUE O BEBÊ QUER DA LITERATURA?*

> "É difícil, quase absurdo, dizer a aleijados emocionais que a auto-expressão é o que mais importa. Não o que é expressado, nem como, mas simplesmente o fato de se expressar."
>
> **Miller**

O que o bebê quer da literatura? Nada. Eu já sabia, desde que fui convidado para responder a essa pergunta. Eu me fiz de sonso para escrever. Eu sentia, desde que era bebê. O bebê nada quer da literatura, mas eu aceitei falar disso. É que eu queria estar aqui. Eu queria estar aqui como um bebê quer encontrar. Eu queria estar aqui como um bebê quer ser querido. O bebê quer ser olhado. Ser subjetivado. Tudo se passa entre os corpos, a fim de transcender em almas.

O corpo do bebê quer uma alma. Ser alimentado, aquecido, limpo para deixar de ser um corpo tão somente. Ruma em direção ao humano que

---

\* Reescrito a partir de uma palestra proferida na Semana do Bebê, em Canela, 2013, e de um capítulo originalmente publicado no livro *A infância através do espelho*, pela Artmed.

nasce com competências para isso, embora não esteja pronto. Nunca estará pronto, mas será humano, graças ao encontro de suas competências com a competência do outro em encontrar as dele. Também deseja alguma liberdade progressivamente, mas isso é bem mais difícil de enxergar. Um corpo dependente de outro corpo prejudica a nitidez da cena.

A literatura não é capaz de oferecer isso ao bebê. A literatura feita pelas pessoas, ao contrário do que se diz, é bem menos capaz do que as pessoas. O bebê não quer literatura. Ele é de carne, e não de papel nem de *bytes*, ele precisa ser feito, nascer objetivamente, tornar-se subjetivo, nascendo pela segunda e definitiva vez (Drummond). Precisa das pessoas, o que torna difícil a empreitada. Para Freud, impossível. Mas gente não se encolhe para o impossível.

Mães, por exemplo. Apesar de infinitas razões para odiar o bebê (Winnicott), elas o desejam, em meio ao ódio. Um amor se esboça, e amores já amam, ainda no esboço (Lebovici). Apesar de todo um mundo de imagens alheias para olhar, elas o olham. Alimentam-no, aquecem-no, limpam-no. Subjetivam o bebê que transcende. Fazem-no com poesia de poucas palavras e muitas pausas, como um típico haicai: "mãos / mães / mais".\*

Elas dão o que quer o bebê. Não é literatura. Papel, tampouco. É carne, osso, alma, vida. Palavras respirando, literatura ardente, vivida. Mas elas não podem fazê-lo simplesmente. Elas sabem que é complicado. Que entre dois olhares, há asperezas. Há o que não pode ser visto. Entre dois desejos, há abismos. A falta. Abismos consomem, engolem. A falta faz doer. Entre duas subjetividades, há o horror. A coisa. Sem nome. A morte se instala ali. A coisa do horror sem nome mata. Há o arcaico. A agonia. O primitivo. O pré-verbal. O sensoriomotor secamente em si: "Rodeia-nos um silêncio sem palavra. Ou a outra face do silêncio: o murmúrio insensato e intraduzível, *the sound and the fury*, a algaravia, o ruído que nada diz, que diz apenas: nada." (Paz, 1982, p. 216).

É complexo alimentar alguém. É difícil aquecer alguém. É incômodo limpar alguém. É impossível cuidar de alguém. Renunciar a si mesmo, tirar os pés do chão, dar as mãos ao outro, segurá-lo. Por isso, aceitei escrever e reescrever o capítulo. Os bebês nada querem da literatura. Eles querem alguém. A literatura é ninguém para eles. Um espaço inacessível, se não

---

\* *Haicai da interação*, poema inédito.

há o outro. Mas as mães são ninguém sem a literatura. Não existe mãe analfabeta. Toda mãe é letrada, mesmo analfabeta. Toda mãe é sábia. Leu o mundo no mundo do corpo à espera da palavra. Oral ou por escrito, não existe mãe não leitora. Essa é uma de suas maiores competências, entre inata e aprendida, quando era bebê, com a sua própria mãe. Mães leem o mundo do bebê. Mães leem o mundo para o bebê: "Ler e reler uma frase, uma palavra, um rosto. Os rostos, sobretudo." (Vitale, 2021, p. 11, tradução nossa).

Ser mãe é cuidar, ler em vida, ler corpo, ler mundo, fazer do corpo o mundo, dispor de um vasto repertório (mais oral do que escrito, mas literário, mesmo assim), a grande biblioteca, maior que a de Babel, que a nova da França. Não é de papel nem virtual, é real. Escolada em prosódia, pós-graduada em cantigas, a mãe escolhe um livro imaginário e o folheia realmente por dentro, oferecendo ao bebê o leite mais raro e necessário: o do ritmo, de onde, depois, escorrerá uma história, duas histórias, a terceira história, a deles. O alimento da mediação, mola-mestra da alma em construção.

O livro foi oferecido por alguém (a mãe da mãe, talvez), ela já não está sozinha, agora pode cuidar, de forma mediada. E suportável. Há um envelope disponível. Um invólucro. Há um nome à vista – a sua pronúncia é palpável – no horror da coisa sem nome. Chama-se amor. Ele se instala ali. Trata-se de um livro estranho. Conta histórias maravilhosas, mesmo quando são banais. Pode ser um murmúrio, um balbucio – o manhês –, uma descrição de um gesto, realizado ou não. Poderia ser a lista telefônica, se ainda houvesse. As histórias de uma mãe nunca são banais. Elas têm a manha. Elas têm a forma. Elas são a arte. Nunca seriam uma lista. Pode ser uma receita denotativa, como ainda existe. Na boca da mãe subjetivante, torna-se conotativa, abre sentidos. O fato de contá-la para o seu bebê a faz sagrada como o primeiro leite da manhã, ou o último do dia, antes do anoitecer. As mães contam de manhã, mesmo sendo de noite. No caso delas, contar é cantar.

O leite da palavra, o leite da prosódia, o leite do ritmo, que não pode ser ordenhado sem olhar, sem gesto, sem toque. A mãe ordenha olhando, tocando, fazendo o seu bebê. Sem essa literatura, ela nada faria. Seria ninguém, ossos se tocando sem articulação: artrose não grita nas mães. E o bebê quer alguém para articular-se. Alguém para ser olhado, tocado, cantado, contado. Até continuar. Até ser alguém, continuando. Agora que já é, ainda é bebê. Agora, sim, ele quer literatura. Marie Bonnafé fez um livro inteiro sobre isso. Chama-se *Os livros são bons para os bebês*. Não está traduzido para o português, mas deveria. Tentei falar com Bonnafé (1994), mas ela estava no Rio de Janeiro e queria se maravilhar com a cidade. Os livros são bons para os bebês – ela havia dito no que havia escrito, antes de chegar ao Rio. Os livros são bons para os bebês, desde que eles possam tocá-los, cheirá-los, babá-los, confundi-los com um pano amarfanhado. Rasgá-los, também. Só o que é sagrado se deixa atacar (Winnicott revisitado).

Bonnafé interessou-se pelo conteúdo desses livros. Elencou autores, em especial aqueles que, na forma, conseguiam reproduzir o que a literatura materna fazia, naturalmente, no conteúdo: reunir os melhores sons, fazer a antologia dos ritmos, separar as imagens mais nítidas, na explosão integrada de uma história. Aproximar-se no papel do que as mães fazem na carne da vida. Há hoje um vasto repertório desses livros na França, no Brasil e no mundo. Eu mesmo tento ainda oferecer algo à altura. Bonnafé leu Winnicott, e muito bem. A ideia do pano amarfanhado é dele. O livro *O brincar e a realidade* foi a literatura de Bonnafé. Os livros como pano são a literatura dela. Ela é a minha literatura, como Winnicott. A mãe é a literatura para o bebê.

Ao ler, pele a pele, olho no olho, os bebês, esses grandes leitores, por haverem sido grandes maestros (Golse), dão-se conta de que a nudez do horror foi vestida. E – repito – essas vestes chamam-se amor. Agora, com a literatura, o "não sei o que" que não passava nem com leite, e a coisa sem nome que espetava no calor da hora, começam a passar. Não espetam mais. Passam. O calor da hora foi para os corpos. Oi, apego! Adeus, aspereza! Tornaram-se suaves e aquecidos como voz e mão de mãe. Estão vestidos, envelopados. Representados. São metáfora. Símbolo, onde podem deslocar-se. A maior saúde possível. O bebê sente um prazer enorme. Subjetivo. Transcendente. Na mediação da literatura com a mãe, começa a ser. Do eu junto ao outro, a transição para o eu mesmo. E, justo agora, começa a deixar de ser bebê. Já é alguém como a mãe (mas é ele) e não tem a perenidade da literatura que levará consigo enquanto viver. Crescido, poderá passar adiante a outro bebê, antes de morrer. Está em movimento, precisa viver.

Precisará separar-se. Precisará de literatura novamente: "Nossa poesia é consciência da separação e tentativa de reunir o que foi separado." (Paz, 1982, p. 348). O bebê quer. A mãe, não. O bebê quer autonomia. A mãe, não muito. O bebê quer liberdade. A mãe, não muito. Está dividida na ambivalência de uma mãe. Ele quer deixar de ser bebê. Tornar-se criança, adulto, talvez cuidar de um bebê como ele foi um dia. Tornar-se independente, nem que relativamente. Ela é mãe e, em grande parte, quer seu bebê para sempre. Há um imbróglio. Desafio impossível como era desde o começo, quando a mãe trouxe a oralidade de sua literatura, antes dos livros. Agora, sim, o bebê quer literatura em si, este invólucro de mãe. A carne já pode ser de papel. Literatura com páginas prontas para guardar estoques de mãe. Ela sabe que volta a precisar desesperadamente do que está escrito. É a hora do desapego, da separação. O literário com rima e tudo volta a ser tão necessário quanto foi no apego e no encontro original, incluindo as horas desafinadas. Ele vai salvá-los, porque, assim como os juntou, vai separá-los. Literatura antes e depois. Literatura para juntar e ser. Literatura para separar e ser.

O bebê quer, a mãe ouve. A duras penas, ouve. Tem a humildade de renunciar ao seu desejo, pelo menos parte dele. E conta. Ela conta histórias para o seu bebê. Banhado por elas, ele parte com elas. Com a mãe, dentro delas, como o cheiro do urso de pelúcia, do pano babado, da página, da palavra da mãe. Ela deixa partir; afinal, também está com o bebê, dentro dela. Perrault, Grimm, Andersen, os modernos, um bando a ajuda no milagre de uma separação. É preciso separar-se. Ninguém o faz sem literatura. Televisão não separa. Computador, tampouco. Drogas, menos ainda. Todos tentam e trazem boas intenções separatistas. Mas só a literatura consegue. Talvez a música da literatura. O ritual da literatura. Mas é a literatura, com o mundo da palavra entre o bebê e a mãe. Ela sabe disso. Ele quer isso. E recebe, na maioria dos casos. E parte para o sono da noite, mas a vida não tem a lentidão da arte; em seguida, chega a solidão do dia. O bebê, que já não é bebê, conhece a força de uma repetição e de um começo. Para seguir em frente, ao longo dos dias e das noites, tornou-se um leitor, ou seja, um sujeito dotado da capacidade de aprender, lendo por si mesmo. Ninguém aprendeu mais do que ele. Remete-me ao meu avô, na Polônia, onde não frequentou a escola, mas lia a Bíblia que alguém contou para ele. E tudo puxa para trás. Os vilões reais e imaginários estão fora das histórias. É preciso simbolizá-los. É preciso ler para seguir em frente.

Crescer é o maior dos heroísmos, que o diga Peter Pan. Sem Barrie, Tolstoi ou Dostoievski, ele voltaria a ser completamente bebê. Pessoa e Quintana continuarão cuidando disso no lugar da mãe. No fundo, são mães disfarçadas.

O bebê seguirá lendo, vida afora, para acalmar o seu próprio bebê, já que ele está crescendo. Enquanto isso, entre longe dali e ali dentro, a mãe sente um orgulho enorme da tristeza de ter amado um bebê que partiu. E que já não é ela ou bebê: é.
A mãe fez o ser e deixou ser. Com o pai, a comunidade, o mistério. Com a literatura oral; depois, escrita. Nessa hora, talvez a consolem um homem, uma mulher, um trabalho, um amigo, uma analista. E muita, muita literatura.

# 3

## ERA UMA VEZ E É AINDA: O CONTO NA RESSIGNIFICAÇÃO DA APRENDIZAGEM*

> "O sucesso resulta de quem se conhece e não daquilo que se conhece."
> **Mia Couto**

> "Este livro não teria sido escrito se eu, filho, tivesse me deparado apenas com tristeza e dor na história do meu pai. Possivelmente não tivesse nem mesmo conseguido ouvir seus relatos... ainda que frustrado na maior parte do tempo, fui agraciado com diversas narrativas saborosas, o que me fez continuar a ouvi-lo com satisfação."
> **Fábio Brodacz**

> "[...]: a poesia é a língua do meu luto [...] No corpo eu entendo."
> **David Grossman**

---

\* Reescrito a partir de um artigo publicado originalmente na *Revista da Sociedade Brasileira de Psicanálise* e na *Revista Brasileira de Psicoterapia*, a que agradecemos, desde o princípio.

> "Boi boi boi / boi da cara preta / pega essa criança /
> que tem medo de careta"*

Cantem, cantem, não parem de cantar, senão estanca o meu pensamento. Ou nem se cria, se não cantarem. O que penso vem do ritmo, da prosódia. Do que repete até chegar de repente ao novo. Ou seja, do outro. O que penso vem do que sinto, que vem do que sentiram por mim, que veio através da canção. O sentimento arde. Assoprem, cantando. Recém cheguei ao horror de me expor aqui, diante do desconhecido, não posso cantar sozinho. Não posso aprender sozinho. Ainda não. A página vazia me assusta. Estou desamparado outra vez pela primeira vez. Estamos recomeçando, não tenho novamente a mãe cantando dentro de mim. Ainda não. Cantem, cantem, por favor, a canção de vocês me contém, depois me solto contando. Tudo o que aprendi vem do que contaram olhando para mim.

Sobre a importância do conto na escola, ocorrem-me três momentos, como a estrutura de uma narrativa tradicional com começo, meio e fim. Como a vida. Começo pelo princípio, como na narrativa e na vida: era uma vez. Era uma vez um adolescente (adolescências recomeçam) que, como um bebê, não sabia o que fazer com o corpo, com o amor e a morte. Queria amar, tinha medo, o corpo sentia o peso do paradoxo. Do não sei o que, de Mário de Andrade, e todos nós.

O adolescente descobriu, na escola, os poetas românticos. Um professor – sempre o outro – os apresentou. Ele era a minha matriz de apoio. A minha rede de não estancar. De soltar. O pai melhor, dos romances familiares (Freud, 1909/1996h), sustentado pelo pai original. Ele sabia da importância das histórias para a aprendizagem. Da importância do outro. Ele era um leitor. Apresentou-me o Álvares de Azevedo, o Castro Alves, o Goethe. Eles contavam o que eu sentia: dor, morte, amor para além da idealização do amor. A possibilidade de uma representação. Tornei-me, identificado, um leitor como ele. Aprendi. Aprendi a conter e a contar soltando para sobreviver.

"Boi boi boi / boi da cara preta / pega essa criança / que tem medo de careta."

Cantem, cantem, não parem de cantar, senão estanca o meu pensamento. Ou nem se cria, se não cantarem. O que penso vem do ritmo, da

---

\* Cantiga popular brasileira.

prosódia. Do que repete até chegar de repente ao novo. Ou seja, do outro. O que penso vem do que sinto, que vem do que sentiram por mim, que veio através da canção. O sentimento arde. Assoprem, cantando. Recém cheguei ao horror de me expor aqui, diante do desconhecido, não posso cantar sozinho. Não posso aprender sozinho. Ainda não. Estou desamparado outra vez pela primeira vez. Estamos recomeçando, não tenho novamente a mãe cantando dentro de mim. Ainda não. Cantem, cantem, por favor, a canção de vocês me contém, depois me solto contando. Tudo o que aprendi vem do que contaram olhando para mim.

O leitor precede o escritor, embora um não exista sem o outro. O professor precede o aprendiz, embora um não exista sem o outro. Verdadeiras duplas, como o bebê e a mãe (a primeira dupla), o aluno e o professor, nenhum dos dois existe sozinho. O leitor é o envelope pré-narrativo do escritor (leitura pessoal, a partir do Stern). O escritor é o envelope pré-narrativo do aprendiz. Um dia, este virá colocar as palavras no espaço aberto por aquele. No entanto, não são precursores. Precede-os a mãe, cantando para eles, contando para eles, lendo para eles, coconstruindo os núcleos rítmicos (Honigsztejn, 1990) com o seu bebê. No princípio, não era o verbo: era a mãe e os sons.

No começo, aprender está mais próximo da música da poesia do que da prosa da pedagogia ou da análise. Essas vêm depois. Somos professores onde não somos professores, pedagogos onde não pedagogos, analistas onde não analistas. Cuidar é também se distrair, com a atenção flutuante (Freud) para apreender. A aprendizagem é uma séria e esforçada brincadeira:

> As crianças pequenas solicitam aos educadores uma pedagogia sustentada nas relações, nas interações e em práticas educativas intencionalmente voltadas para suas experiências lúdicas e seus processos de aprendizagem no espaço coletivo, diferente de uma intencionalidade pedagógica voltada para resultados escolares individualizados.
> (Barbosa & Richter citado por Cairuga et al., 2014, p. 92).

Tudo nasceu, com o perdão da redundância, no nascimento, senão antes. Na prosódia, véspera da palavra e da metáfora. A primeira porteira foi aberta ali. Depois, a mãe passou o bastão para a professora, esta nova chance de esculpir uma mãe inteira, matéria viva que vem da matéria viva.

Todo aluno é um bebê diante da sua nova chance. Toda aprendizagem é um ato de gratidão.

Os poetas românticos amavam e tinham medo. Adoeciam e temiam o amor e a morte. Mas escreviam. Ensinavam. Eles representavam o adolescente. Eles me representavam. Eles me diziam, me contavam. Ensinavam a sobreviver, contando. Ou seja, me tratavam ao propor que eu expressasse, com recursos vindos dos bons tratos, o que me destratava. Haveria uma forma menos literária de aprender? Há aprendizagem sem histórias? Eis a raridade de uma pergunta fácil de responder, porque não há.

Agora eu já era um leitor. Em termos de saúde mental, é pelo menos meio caminho andado. E contado, basta quem ouça, e vale ser ouvido por dentro. Guardo e reparto a hipótese de que um leitor exercita a capacidade de se identificar com personagens, e isso facilita que se possa fazer o mesmo, fora do círculo de identificação parental. Um leitor, assim, estaria mais propenso a novas e melhores identificações, objetivo primordial de uma análise, esta revisão de leituras.

Naquele espaço, escrever era questão de tempo. Aprender, também. Aprendizagem é música. Música é tempo. Ritmo. Repetição até o novo. No começo, entre um e outro. Depois, entre um e outro, por dentro. A escrita não sabia, mas era musical e pedagógica: o espaço lúdico (Pavlovsky, 1980/1990), de aprender a cavar lugares no tempo. No fundo, só o que não sabe que é pedagógico é pedagógico, vide Winnicott arrependido do tempo em que era inteligente.

Freud – a atenção flutuante – sugeria que nos distraíssemos um pouco. Winnicott, que nos distraíssemos muito, que um analista (um educador também) precisa ser suficientemente sagaz para saber que cura ou ensina com o que sente ou com o que, sentindo, ensina a sentir, logo, a pensar. Vale adaptar, dizendo que um professor precisa ser suficientemente sagaz para saber que ensina com o que sente. Só se sabe o que se sente; ou um preenche o outro reciprocamente, ou é vazio. Se não há sentimentos, se um não gosta do outro, o pensamento não vem.

As informações estão disponíveis. Apropriar-se delas não é o que se ensina. Teoria não ensina. Ensina o que ensina a sentir, outro e ouro da aprendizagem, envelope pré-teórico e um tanto prático. A teoria, que vem depois, é que só aprende quem aprendeu a sentir, ou seja, quem aprendeu a saber que foi sentido pelo outro. Está muito prescritivo? Que a poesia nos acuda: A literatura foi a minha primeira aprendizagem (Bandeira revisitado). Depois, escrevi. Depois, aprendi. Depois, publiquei, difícil saber a (des)ordem dos fatores. Depois, tornei-me um psiquiatra, eu lia psiquiatria, leitura que precedia a psicanálise.

"Boi boi boi / boi da cara preta / pega essa criança / que tem medo de careta." Cantem, cantem, não parem de cantar, senão estanca o meu pensamento. Ou nem se cria, se não cantarem. O que penso vem do ritmo, da prosódia. Do que repete até chegar de repente ao novo. Ou seja, do outro. O que penso vem do que sinto, que vem do que sentiram por mim, que veio através da canção. O sentimento arde. Assoprem, cantando. Recém cheguei ao horror de me expor aqui, diante do desconhecido, não posso cantar sozinho. Não posso aprender sozinho. Ainda não. Estou desamparado outra vez pela primeira vez. Estamos recomeçando, não tenho novamente a mãe cantando dentro de mim. Ainda não. Cantem, cantem, por favor, a canção de vocês me contém, depois me solto contando. Tudo o que aprendi vem do que contaram olhando para mim.

Comecei a atender adolescentes à mesma época em que passei a frequentar escolas com alunos que tinham lido meus primeiros livros de histórias para crianças. E a ministrar oficinas de poesia para outros adolescentes, que eu não atendia diretamente. Era indireto, através da metáfora, mas poderia não ser? Que encontro, que atendimento, que ensino é direto? É possível olhar diretamente para a cara de um agora? Aprender é poder guardar para depois. A psicanálise tem, no *a posteriori*, um de seus maiores recursos. No consultório, de manhã, os adolescentes chegavam empurrados pelos pais ambivalentes. O contato comigo era silencioso, pesado, difícil. Eu era psiquiatra, queria melhorá-los, curá-los, livrá-los de seus sintomas. Como um professor obcecado pela tabuada ou pela alfabetização. Eu era inteligente, ao contrário de hoje.

Felizmente, a psicanálise e a literatura me fizeram menos esperto e mais reflexivo. Mais podendo não saber muito para vir, um dia, a saber um pouco. Eu ocupava parte do meu tempo com a inteligência, eu esperava muito dela. Mas eu e ela não conseguíamos curá-los. À tarde, frustrado, escrevia. Assim me defendia daquela frustração, reencontrando nas palavras os núcleos rítmicos (Honigsztejn, 1990) da primeira infância (minha, deles), as leituras da segunda, a escrita da continuidade. A escrita é a grande marca da continuidade. A aprendizagem, também. Aquela psiquiatria transformava-se em literatura.

À noite, ia encontrar adolescentes para fazermos poesia, o grande mediador de um encontro humano, desde os primórdios. Eles buscavam o poeta, mas buscar poesia não seria buscar começo, pai e mãe? Era como com os alunos nas escolas. Eles miravam o poético, talvez o reencontro do poético. Como um bebê com sua mãe. Era mais leve. Não queriam curar-se. Ou, pelo menos, não sabiam que queriam curar-se. Não queriam aprender. Ou, pelo menos, não sabiam que queriam aprender. A aprendizagem só pode acontecer em decorrência de um encontro entre um distraído interessado pelo outro. O contato era menos estridente, menos difícil. Mais indireto. Metafórico. Menos inteligente. Ali eu era poeta, não queria melhorá-los, livrá-los de seus sintomas. Como um professor disfarçado de não professor, um analista de não analista (a análise como investigação não terapêutica). Quanto mais sintomas, melhor para o poema, segundo os poetas românticos. Quanto mais sintomas, melhor para a vida, segundo o psicanalista Winnicott. Quanto mais problemas, melhor para a aprendizagem, segundo todos nós.

Era assim que percebia o quanto eles, paradoxalmente, melhoravam. Um desejo de morrer, depois do símbolo, virava um desejo de viver. E aprendiam. Eu era o seu Álvares de Azevedo, seu Castro Alves, seu Goethe. Eu repassava o que aprendi. Eu os ajudava a dizer, a representar. Só quem representa e diz é capaz de aprender, por isso não existe aprendizagem (representação) sem histórias, como não existe histórias sem poesia. Eles diziam o que eu precisei dizer na adolescência (no recomeço), a vontade e o medo de morrer e de amar, o corpo pagando o preço de estar entre a dor e o medo. O peso de separar-se. O preço de crescer. De aprender.

Aprende quem diz, quem diz conta a sua história e, assim, abre espaço para novas histórias (aprendizagem), ou seja, para o crescimento. Aprender e crescer, apesar das palavras diferentes, é o mesmo verbo. Havia uma metáfora (a poesia, a escrita), essa que precisa haver nos encontros, facilitando o processo, tornando mais seguro o momento inseguro de expressar-se. De aprender. Sem querer, brincando – única forma de aprender –, porque não queriam, havia um tratamento. Haveria uma forma menos literária de tratar-se? Haveria uma forma menos literária de aprender? Aquela literatura transformava-se em psiquiatria.

"Boi boi boi / boi da cara preta / pega essa criança / que tem medo de careta."

Cantem, cantem, não parem de cantar, senão estanca o meu pensamento. Ou nem se cria, se não cantarem. O que penso vem do ritmo, da prosódia. Do que repete até chegar de repente ao novo. Ou seja, do outro. O que penso vem do que sinto, que vem do que sentiram por mim, que veio através da canção. O sentimento arde. Assoprem, cantando. Recém cheguei ao horror de me expor aqui, diante do desconhecido, não posso cantar sozinho. Não posso aprender sozinho. Ainda não. Estou desamparado outra vez pela primeira vez. Estamos recomeçando, não tenho novamente a mãe cantando dentro de mim. Ainda não. Cantem, cantem, por favor, a canção de vocês me contém, depois me solto contando. Tudo o que aprendi vem do que contaram olhando para mim.

Depois, fugi de casa como um Tolstoi (mas para ser) ou um elefante (mas para viver) ou um adolescente no campo de centeio. Assim Salinger (1995) definiu o apanhador em seu livro: aquele que impedia que as crianças caíssem no abismo. Não é o que tentam os psicanalistas, os educadores, os escritores? Depois fugi de casa, como um aluno. E quanto aluno por aí não aprende para não fugir de casa... Eu tinha aprendido e fugi. O pretexto foi fazer uma pesquisa, na França, sobre a utilização terapêutica e pedagógica dos contos. Trabalhei com crianças abrigadas, vítimas de maus-tratos, e separadas de seus pais. A maioria apresentava dificuldades de aprendizagem. Propunha para elas uma psicoterapia de orientação analítica, em grupo, o conto como mediador. Pesquisava a aproximação entre literatura, psicanálise e aprendizagem. Ali foi onde mais vi a potencialidade terapêutica e pedagógica da experiência literária. A literatura era como a interação fundamental, vivida na transferência da leitura. Lobos eram Castro Alves, fadas eram Goethe, ogros eram Álvares de Azevedo, pelas mãos do outro fabricando mãe nova. Havia princesas, tramas, poesia, ou melhor, poesia para a prosa continuar. A prosa da aprendizagem.

Havia palavras com afetos de vitalidade para os medos, apresentadas por quem os acolhia. Havia representações para os arcaísmos, cantava-se o tempo presente, narrava-se, ia-se da prosódia ao sentido, ou seja, curava-se, dentro do possível, a partir da brincadeira com o impossível, na literatura e na psicanálise. Ou seja, abria-se espaço para aprender. Tudo era metáfora, como aquela dos adolescentes (e dos alunos nas escolas), permitindo dizer ou expressar, como os sobreviventes das grandes guerras e dos pequenos dia a dias, que não seria o fato que mata psiquicamente, mas o silêncio diante dele. Aquela literatura era a sua psiquiatria, sob a forma do barulho da expressão. Haveria forma menos literária de tratar-se? Haveria forma menos literária de aprender?

Depois, fiz psicanálise, embora já tivesse feito antes, na literatura. Meu caso era crônico feito um texto a ser relido. Todo caso é único. A psicanálise era uma psiquiatria com ênfase na poesia e na história. Com mais prosódia, mais barulho ainda. Menos inteligente, com mais sentido. Mais literatura, portanto. Mais pedagógica. "Boi boi boi / boi da cara preta / pega essa criança / que tem medo de careta." Cantem, cantem, não parem de cantar, senão estanca o meu pensamento. Ou nem se cria, se não cantarem. O que penso vem do ritmo, da prosódia. Do que repete até chegar de repente ao novo. Ou seja, do outro. O que penso vem do que sinto, que vem do que sentiram por mim, que veio através da canção. O sentimento arde. Assoprem, cantando. Recém cheguei ao horror de me expor aqui, diante do desconhecido, não posso cantar sozinho. Não posso aprender sozinho. Ainda não. Estou desamparado outra vez pela primeira vez. Estamos recomeçando, não tenho novamente a mãe cantando dentro de mim. Ainda não. Cantem, cantem, por favor, a canção de vocês me contém, depois me solto contando. Tudo o que aprendi vem do que contaram olhando para mim.

Juntando os três momentos – a própria adolescência, as oficinas para outros adolescentes, a intervenção na vida adulta junto às crianças dos abrigos franceses e, depois, brasileiros – sinto a convicção do efeito em uníssono, terapêutico e pedagógico, da literatura. E, fora dela (dentro também, mas contido por um envelope), só há dúvidas, paradoxos à espera de mais literatura, psicanálise, aprendizagem. Sinto, a partir da experiência, que tudo começa com a formação de um leitor, um ser capaz de ler novos conhecimentos. Começa no ventre, continua no primeiro ano de vida. Nos núcleos rítmicos (Honigsztejn, 1990) de uma mãe substituível, lendo a vida para o seu filho. A primeira e importante lição. A base para as seguintes. Cantando, contando. A escrita pode não ser nada mais do que tudo isso na transferência. A grande transferência se dá na escola.

Winnicott chamou de espaço potencial. Bion, de função alfa. Pavlovsky, de espaço lúdico. Klein e Segal, de equações simbólicas. Lacan, de significante-significado a partir de Saussure; Laplanche, de significantes enigmáticos, a partir da sedução; Diatkine, de outra história. Cada um achou seu verso ou conceito (sua metáfora, ficção de verdade) para o sempre novo de traduzir mãe cantando e contando até que o filho consiga ficar sozinho, na presença dela (Winnicott), ou seja, vendo-a para ouvi-la até tornar-se realmente um leitor, ou seja, capaz de cantar e contar sozinho, na ausência dela. Ou seja, capaz de aprender. Toda aprendizagem tem algo de profundamente acompanhado e solitário. Foi preciso ser acompanhado, agora é preciso estar sozinho. Apego-desapego (Bowlby). Amar e despedir-se (Neruda). Aprender pode não ser nada mais do que tudo isso, na transferência. O poeta Auden (citado por Cavalcanti, 2012, p. 38) concorda com todos eles, ao dizer que "a poesia não faz nada acontecer, mas torna o sofrimento suportável ao dar-nos a possibilidade de olhá-lo esteticamente, o que já é uma forma de substituir o sofrimento real por uma fruição abstrata". Assim, acrescento modestamente:

1 A poesia do encontro (analítico, escolar) supera o conteúdo.
2 Ler ou escrever – dá no mesmo – revive a onipotência de que falava Klein e a possibilidade de brincar com ela até espargi-la, como falava Ferenczi.

Tem aqui a dobradinha fundamental, a do começo da vida que, primeiro com presença, depois com ausência, desdobra-se, transferencialmente, vida afora. Presença e falta, nenhuma das duas pode faltar. Sobre isso evoco três vinhetas analíticas, literárias e educativas, um tanto pessoais como leitor, vivente ou aprendiz.

1 Poeta Catulo, há dois mil anos. A mãe do poeta deve ter promovido núcleos rítmicos a ponto de fazer o filho quase pronto para o amor. Tempos depois, desprezado por Lésbia, ele escreveu alguns dos mais belos poemas de toda a história da literatura.
2 Poeta Apollinaire, há cem anos. A mãe do poeta deve ter promovido núcleos rítmicos a ponto de fazer o filho quase pronto para o amor. Tempos depois, Lou, a amante, concedeu-lhe uma semana juntos, em Nimes; passado o idílio, ela retomou a fleuma, a distância, a rejeição. O resto foi poesia escrita, correspondência trocada.
3 Na mesma batida, o poeta Celso recebeu núcleos rítmicos maternos suficientes e, depois, cunhou, há bem menos tempo, os versos seguintes: "Vontade de cantar / olhando para ti // E o fiz, embora /

tivesses partido / com a minha voz".* Feito os mestres universais Catulo e Apollinaire, o bardo local também aprendeu a dobradinha fundamental: amor e desamor, presença e ausência. Ritmos. Se os resultados pífios instigam reclamações estéticas sobre o alcance do discípulo, mais do que para o editor, cartas para a mãe do poeta – ou para a avó – e suas falhas eventuais, no ritmo do começo. Mas aprendi algo, estou aqui escrevendo, e elas também aceitam elogios.

Feita a hipótese de que a estética (aprendizagem repartida) dependeria basicamente da intensidade do amor primeiro e do desamor subsequente (Leonardo da Vinci e suas duas mães que o digam), está na hora de derrubá-la, para o bem da literatura, da psicanálise e da aprendizagem. Não é difícil, na companhia dos poetas já citados e suas palavras reinauguradas. Não há aprendizagem sem poesia. Não há aprendizagem sem repetição e novidade.

Escrever ou ler, portanto, é poder contar sozinho, depois de ter sido acompanhado. Maravilhar-se por si mesmo, depois de haver sido maravilhado pelo outro. Cantar para si mesmo, com o outro agora por dentro, à espera de sua volta, que já não precisa ser concreta. Escrever é decorrência. Aprender é decorrência. Imaginar o retorno e o futuro. Ao berço, ao colo, à mamada, ao não sei o quê; cada um que possa tratar-se para escolher a sua Ítaca.**

É transferência, mas no paradoxo de ser novo, porque escreve sobre uma página-tela em branco, até aquele momento. E, finalmente, poder viver a presença na ausência. E aqui não tem Winnicott, Bion, Pavlovsky, Diatkine, Segal, Lacan, Laplanche ou Klein que nos acudam. Não é de explicar, mas de implicar-se (Ciccone, 2007). Acode-nos, então, novamente, um poeta-professor, o Drummond:

> Por muito tempo achei que a ausência é falta.
> E lastimava, ignorante, a falta.
> Hoje não a lastimo.
> Não há falta na ausência.
> A ausência é um estar em mim.

---

\* Sem título, poema inédito.
\*\* Referência aos versos de Kaváfis.

E sinto-a branca, tão pegada, aconchegada nos meus braços, que rio e danço e invento exclamações alegres, porque a ausência, essa ausência assimilada, ninguém a rouba mais de mim.
(Andrade, 1984, p. 25)

Agora podem parar de cantar. Obrigado pelo amor de me terem maternado, na transferência do horror de se expor longe da mãe. No recomeço de cada dia e encontro. De cada aula. Agora, não há mais ausência, mas companhia. A literatura do canto de vocês devolveu-me os núcleos rítmicos. O pensamento chegou. A literatura. O sentimento me foi dito e eu já posso dizer. Que calorosa presença! A mãe voltou como era no que podia ser e como a reinventei com muita literatura e psicanálise, estas utopias necessárias...

Agora já posso aprender. A aprendizagem veio da presença do começo. Recomeço. Ela preenche e oferece a possibilidade de afastar-se, ficar vazio só por fora, e voltar a preencher-se. O cognitivo depende do afetivo até conquistar a sua independência jamais absoluta, esta, sim, a maior das utopias, porque nunca vai conquistar inteiramente, sempre haverá uma falta, força-motriz de mais aprendizagem, desde que haja, antes e agora, o estofo de um encontro. Voltei a ler, a escrever, a calcular. Agora está tatuado, digo, escrito, e ninguém mais rouba a minha falta. Podem falar aí o meu nome na chamada que responderei: presente. Com passado e futuro, prestes a ensinar e a aprender. Agora já posso brincar de ser feliz para sempre.

Haveria uma forma menos literária de tratar-se? Haveria uma forma menos literária de aprender?

# 4

## O BRINCAR E A SUBJETIVIDADE: OU ISTO OU AQUILO*

> "É uma grande pena que não se possa estar ao mesmo tempo nos dois lugares!"
>
> Cecília Meireles

Dia desses, perguntaram-me qual a importância de brincar. Eu respondi perguntando: – Estão brincando? Não estavam, então eu disse à guisa de mais brinquedo: – Toda. Brincando, brincando, subjetiva-se. E decidi ser mais drástico, menos lúdico: – Não há outro modo de sobreviver. De aprender. E viver, mentalmente falando. O interlocutor pensou mesmo que eu estava brincando. E eu estava. Sempre estou, em busca de mais subjetividade. Sou razoavelmente normal, na luta contra a concretude da falta de sentido na vida, ou mesmo na morte. – Brincar é sério, eu disse ainda. Mas ele não se deu por satisfeito. A ronha aqueceu, transbordou, desentendemo-nos ferozmente. Só não queríamos perder a amizade, cenário de novas brincadeiras e aprendizagens; então, falamos. Fôssemos

---

* Reescrito a partir de um artigo publicado na revista *Pátio – Educação Infantil* e um capítulo do livro *A infância através do espelho*, Artmed.

crianças, brincávamos, e a nossa fala era também um brinquedo como quem canta, como quem conta.

Contei ali a história de uma vida qualquer. O outro ouviu como um ouvinte não qualquer, e aquela vida já começou a brincar como uma não qualquer. Para a subjetividade, era questão de uma história, assim como a chegada das palavras é uma questão de corpos se olhando e se tocando com desejo. Com poesia. A história que contei começa com o nascimento e a sua meia dúzia de necessidades: regular o organismo (homeostase) para a vida respiratória extrauterina; ser desejado; ser aquecido; ser alimentado; ser olhado; ser tocado. Isso já está um tanto subjetivo, mas, sobretudo, incompleto. "Somos delicados demais para o nascimento", escreveu Tezza (2007, p. 11) a respeito de seu filho. Talvez estivesse também se referindo a essas necessidades, mas, como leitor, divisei uma sétima, no texto: apegar-se, construir um vínculo com o cuidador.

Bowlby (1973) desenvolveu uma teoria a respeito, aproximando-nos dos demais primatas e descrevendo-nos como portadores de todo um aparato para criar um jeito de se relacionar com mãe. E pai. Ou demais cuidadores, exercendo tal função. O autor, no fundo, estava falando de amor, este desafio da entrada, com a peculiaridade de ser o último a sair – e olhe lá! –, porque, nos casos mais bem-sucedidos, nem a morte – objetividade máxima e último desafio – o leva. Agora já não basta ser aquecido ou alimentado. É preciso construir um apego seguro ou, em palavras menos técnicas, adquirir a segurança de um amor para se sentir sendo. A vida é a história dos amores; a vida é o eco de um primeiro amor, mas está sempre disposta a consertar a melodia desafinada de um desamor. Tecnicamente falando, os tijolos dessa construção são o modelo de apego dos próprios pais com os avós do bebê, assim como o desejo desses pais em relação ao filho. No entanto, a obra em si se faz brincando.

Stern (1997), como vimos, faz conceito disso e o nomeia processos de "estar com" ou harmonização afetiva. Traduzindo a sua poesia científica, trata-se da capacidade parental de perder tempo, entrar em sintonia vocal e gestual, coreografar, ritmar, dançar. Estar ali, com. Só estar ali, desde que com. Só a arte poderia descrevê-lo. Só brincar poderia fazê-lo: "é o tempo que perdeste com a rosa que faz a rosa tão importante" (Saint-Exupéry, 1946/1997, p. 74). Com os bebês, é igual, embora sempre diverso. Do tempo perdido e brincado, resulta o sentimento de segurança de estar no mundo ou a capacidade de vincular-se. E aprender. Não há vida digna sem vínculo com os objetos (os outros), destino de toda pulsão (energia sexual, vital) ou libido. Houvesse resumos para esse caminho, colocaríamos no mapa: ponto primeiro, pulsão; ponto segundo, brincar; destino: o outro.

Pulsão e apego não se excluem; pelo contrário: podem e até mesmo devem brincar juntos, pois é justo o brinquedo que constrói esses objetos internos, desde que disponíveis. Ele oferece uma dimensão interativa e, através do olhar, da voz e do toque, brincar desenvolve a capacidade de subjetivar-se. Para aprender e viver. De início, o brinquedo é autoerótico. Com o tempo, havendo bons encontros, vai ganhando complexidade no reconhecimento do outro, na capacidade de subjetivar-se e de, finalmente, reconhecer que, entre mim e esse outro, há uma singularidade, onde reside uma subjetividade. Ou duas e, quando duas singularidades ou subjetividades se encontram, o erotismo atinge o seu mais alto patamar, nosso desejo maior. Pronto: subjetivou-se, e o resto é confusão, clareza, tempero, carne, alma, vida. E, sobretudo, aprendizagem (Fonagy, 2001; Golse, 1999; Lebovici & Diatkine, 2002).

A subjetividade, no fundo, não é pacífica nem tranquila. Ela é subversiva, ao ver-sentir o mundo por si mesma, às vezes contra a corrente e quase sempre contra a corrente do narcisismo. Talvez por isso haja tanta resistência em relação ao brincar (e ao aprender) e tanta patrulha a favor da seriedade. Mais prosa de que – palavra brincante – poesia. Brincar engendra subjetividade. E revolução, autonomia, questionamento, liberdade, justo o que devem proporcionar as análises, igualmente subversivas, diversamente brincantes. Bem, talvez tenhamos nos adiantado muito, enquanto o nosso bebê acaba de vencer o seu primeiro desafio. Todavia, a pílula não está dourada, nem a coruja está nua, conforme os idiomas brincam, através de suas expressões corriqueiras. A vida não dá trégua para despir-se nem vestir-se e, uma vez amado e alicerçado internamente de objetos sólidos, construídos às custas de desejo e brincadeira, é preciso separar-se. No pátio de uma saúde mental, está a liberdade e, em seu horizonte, a autonomia. E como é que faz para separar-se? E como aprender sem separar-se?

Até hoje, todos os mapas apontam para a mesma direção: brincar. Novamente. Não como fórmula, porque cada dupla (ou trio e, mais tarde, grupo) faz a seu modo, mas todo conjunto precisará construir um espaço de prazer (transicional, potencial), com o investimento em um objeto que não é exatamente um ou outro, mas que permitirá que um seja um, e outro, outro; é o novo, a cultura, o objeto cultural, único jeito conhecido de não chafurdar em amor sufocante de mãe (a loucura) e seguir a vida possível, amando os novos objetos, continuando, durando, aprendendo, vivendo (Winnicott, 1951/1969, 1971/1975).

Pavlovsky (1980/1990) chamou esse espaço de lúdico, mas a receita é a mesma: é preciso brincar para separar-se da mãe e ser um e singular, ou seja, subjetivar-se para perder as receitas e criar, no(s) mundo(s), o que nenhum outro poderia fazer em nosso lugar, no tempo de nossa existência. Dourada a pílula, pelada a coruja? Longe disso, só a morte doura e despe em definitivo ou objetivamente, e a criança quer viver infinitas possibilidades subjetivas. Ela deseja aprender. A vida cobra a sua pesada moeda (Quintana, 2005) e, agora, para não chafurdar nos traumas de insuficiências sempre inevitáveis das relações afetivas, é preciso... brincar.

Freud foi o pioneiro dessas descrições. No começo do século passado,* salientara as relações próximas entre a criação literária e o jogo, ou o quanto já é poeta (subjetiva) uma criança que ainda brinca (Freud, 1908/1996f; Gutfreind, 2008). Mas Freud levará mais de dez anos para expressar melhor o quanto brincar é sério. Em *Além do princípio do prazer*, observando seu neto de 18 meses, deu-se conta de que a brincadeira do menino, com um carretel, expressava o seu conflito de separação com a mãe (Freud, 1920/1996g). Brincando com aquele carretel, esse menino aprendia a se separar. O carretel ia e voltava, como as mães e as ansiedades de ficar sozinho. O menino repetia as palavras "longe" e "perto", em sintonia com os movimentos, em busca de representações para o sofrimento. Pudesse falar, falava. Ainda não podendo, empreendeu a brincadeira, esta fala disfarçada, enviesada, sincera. Virou o protótipo de brincar.

Brincar: não haveria outra forma de salvaguardar e expandir a subjetividade. Subjetivar-se: não haveria outra forma de crescer e encontrar o outro (e aprender), razão maior de uma vida às ganhas. Guerra (2022) aponta-nos – psis, cuidadores, etc. – como guardiões do brincar, coconstrutores da ponte para a subjetividade. Amparado no conceito da transferência, considera educadores e professores aqueles que pegam esse bastão, os tais guardiões. O dia a dia da clínica infantil é repleto de carretéis. No de João, de 6 anos, moravam dois exércitos, um azul, outro cor-de-rosa, que se digladiavam num embate sangrento, especialmente para os mendigos e as crianças. E João, que já não se sentia um mendigo do amor parental, resistiu

---

* Ver o Capítulo 1.

ao divórcio violento de seus pais. Esse foi o pátio principal de brincadeiras da sua análise sem receitas. E o ajudou como aprendiz.

No carretel de Maria, 7 anos, havia um piloto incapaz de fazer seu avião voar. Ela elaborou a dor diante do pai doído que, desvalorizado pelo próprio pai, mas sem carretel e doendo, a desvalorizava também. Isso a ajudou como aprendiz. No dos pré-adolescentes Ahmed, Morad e Fátima, havia três porquinhos que não queriam separar-se de sua mãe e construir novas casas. Queriam ficar na casa de origem e designaram a colega Beatrice para ser essa mãe com quem brincavam de mãe presente. Todos estavam num abrigo da região parisiense e, brincando, conseguiram manter viva a imagem da mãe ausente. Foi assim que sobreviveram psiquicamente. Essa é a hora em que medicar seria uma catástrofe. Porque aliviaria, por um lado, mas, por outro, sustaria a possibilidade de que fantasias construíssem novos lados para suportar a realidade. A realidade não pode ser medicada. Pode ser reconstruída, iludida, desiludida e até mesmo recauchutada com a construção de uma nova história possível (Diatkine, 1994). A realidade pode ser enxertada, "protetizada" (Lafforgue, 1995), subjetivada. Convém dizer que, objetivamente pura, realidade nenhuma é suportada sem colapso.

Freud (1909/1996i) o propôs, sem se dar conta, com o Pequeno Hans, primeira criança que se beneficiou da psicanálise. Foi lúdico com ele e com seu pai, que o tratou. As interpretações e as teorias sexuais estavam rodeadas da prática de brincadeiras. Em o Pequeno Hans, sem ser direto, Freud deitou e rolou no carretel (Gutfreind, 2008). Klein (1929) também o fez como pioneira da psicanálise da criança, ao descrever o jogo como acesso ao inconsciente, equivalente às associações livres (e lúdicas) do adulto. Nós, adultos, falamos como quem brinca. A retórica de Klein talvez tenha sido a parte menos interessante do seu carretel.

Depois de brincar para sobreviver, a criança, finalmente, cresceu; acedeu à bagunça da vida e está pronta para o que nunca está pronto, novos amores de gente e trabalho, aprendizagens, separações, reaprendizagens, reparações, reencontros, a vida. Subjetiva o suficiente, poderá se entregar, não ao alívio, mas a si própria, ao outro e à realidade; poderá até se deparar com a felicidade, este estado de alma ambivalente e repleto de estados subjetivos. A criança escapou ao desamor, à simbiose, às dores da insuficiência pessoal e alheia. Agora já pode viver, aprender e até mesmo morrer, bem mais tarde, depois de ter vivido muito: é só continuar brincando.

# 5

# NÃO DUVIDES:
# ÉDIPO FOI MATRICULADO NA TUA ESCOLA*

> Era preciso que
> o canto não cessasse
> nunca. Não pelo
> canto (canto que os
> homens ouvem) mas
> porque can-
> tando o galo
> é sem morte.
>
> **Ferreira Gullar**

Falar em Édipo na escola não seria forçar a barra de um conceito? Forçar a barra de um conceito não seria impor uma teoria antes da prática? Ou seja, empurrar goela abaixo da vida o que seria apenas uma noção da psicanálise ou da pedagogia, antes de ser vivido em carne e alma? A psicanálise, quando faz essa autocrítica, chama a si mesma de silvestre ou selvagem.

---

\* Reescrito a partir de um artigo original publicado na revista *Pátio – Educação Infantil*.

Falar de Édipo na escola não seria o caso? Conceitos não ensinam, fora de um encontro verdadeiro. A poesia ensina. Não seria o caso de deixar em paz nossos alunos e alunas, livres de nossas explicações borrifadas dessas noções sempre frágeis, movediças, passageiras? E, como já dissemos, apenas implicarmo-nos com eles. Seria, caso Édipo não estivesse fora da teoria que o engendrou. Não se estabelecesse antes mesmo até da prática e não continuasse firme depois, conforme lemos nas obras e vemos nas famílias. Nas escolas. Afinal, a psicanálise não descobriu a personagem com Sigmund Freud ou Melanie Klein, que o flagrou mais cedo ainda, no ciclo vital. Melanie Klein o leu em Sigmund Freud, que o leu em William Shakespeare, que o leu em Sófocles, a quem Melanie Klein e Sigmund Freud leram com muita atenção. Este imbróglio bibliográfico e vital nos permite pensar que Édipo diz respeito a todos nós, autores e viventes, e Freud talvez não estivesse edipicamente avariado quando o situou na estrutura de um desenvolvimento. Sabemos muito bem o quanto Édipo esteve presente em Freud.

Conceitos não ensinam fora de uma literatura que transmite lições indiretas. A poesia ensina. Édipo está dentro da literatura. Ele ou ela (Electra) chegaram muito antes de aportar à escola: basta ler qualquer uma das fontes e, sobretudo, observar a vida. A vida em obra de qualquer família. Não se trata mais de personagem, mas de alguém em carne e osso e desafio. É clínica. Arde. Mas historiemos um pouco esse Édipo, que é uma história como qualquer outra. Pois é através delas que aprendemos. Então, era uma vez... Bebês nascem com um aparato biológico repleto de competências prontas para se desenvolver. Logo – e mesmo antes do nascimento –, a biologia cruza a esquina dos afetos. Está inaugurada a subjetividade, corpo e alma estarão intrincados para sempre, ainda que certas culturas possam duvidar. A subjetividade lidará com a aprendizagem da vida, e a vida na aprendizagem.

Uma dessas competências, senão a principal, é o apego, embora dependente de todas as outras (Bowlby). Bebês nascem com dispositivos para se vincularem ao outro. Disso dependerá a sua vida concreta e abstrata. São vários os dispositivos. Choram, olham, dispõem de reflexos para conter e agarrar a fim de serem contidos e agarrados. Estão descritos, sistematizados, basta olhar. São dispositivos para vincular-se. Para viver. Aprender. Se forem devidamente estimuladas, pouco tempo depois, transbordam novas competências, como, por exemplo, o riso. Resultado: mais apego, mais outro em suas vidas, mais si mesmos. Mais amor, que é disso que estamos falando. Ou seja, de Édipo, ou de um jeito de contar essa história que é, apesar das individualidades, a de todos nós. Um analisando contava chulamente: Puta merda, fui escolher uma mulher braba e nada simples. Exatamente como a minha mãe. Fiz igualzinho ao Édipo. E ria. Eu comentava rindo também: – Fizeste igualzinho a todo(a)s nós. O apego é uma história indispensável de biologia e amor pelo outro. E, para nós, tanto faz agora se o outro tem ou não o mesmo gênero. Ele, ela é indispensável para a sobrevivência e a aprendizagem. Meninos e meninas se apegam à mãe ou a quem quer que exerça afetivamente esse papel, também biológico. Sem amor, ninguém se constitui. Não vai adiante, não se torna alguém, e até a mais dura ciência provou que, sem ele(a), a biologia estanca, e a vida para: basta ler Spitz, que viveu a história triste dos bebês mortos sem razões orgânicas específicas além da orfandade – a falta do outro –, como na Segunda Grande Guerra.

No começo da história de uma vida que estamos contando, ainda nos postamos a dois, no amor a dois, como costuma ser o primórdio dos amores. Mas o crescimento é complexo, em todas as suas fases e, em seguida, vem o terceiro para azucrinar e estimular (ambivalência) a dupla. Ou deveria vir, embora "azucrinar" aqui seja ironia, pois prepara o que haverá de melhor, que será zarpar do que era só a dois. Da díade para o triângulo, do triângulo para o mundo multiforme, tridimensional. Para os meninos, o auge do Édipo. Para as meninas, o começo. Tanto faz: todos chegarão lá. Todos de lá sairão. Ou vão tentar. Mas isso pouco importa agora para nós. Interessa que a vida precisa prosseguir em sua biologia e subjetividade (indissociáveis). Então, há conflito, choque, faísca. E haverá explosão nesta hora e, mais tarde, na adolescência, mais ainda. O pai para os meninos torna-se o grande rival.

Freud descreveu a cena como um carro-chefe, desde os seus primeiros trabalhos, chegando ao auge, no atendimento do Pequeno Hans. Já aos cinco anos, o menino, sem ter lido a tragédia de Sófocles, conhecia o texto de cor: amava a mãe e rivalizava com o pai, concorrente maior do seu amor. Ele, como nós, era Édipo. A dificuldade de tolerar tamanhos sentimentos deslocou-se para um sintoma, no caso, a fobia de um potro por um cavalo-pai. Não podia mais sair da baia-quarto, onde, claro, tinha de ficar sob os cuidados da mãe-égua. O Pequeno Hans carregava uma grande neurose (edípica). Naquela hora, engolido pela sua história, toda a energia voltada para ela, estava inapto para a aprendizagem. Para resolvê-lo, encontrava seu próprio jeito, a um só tempo eficaz, e não. São sábios os sintomas, por um lado. São tolos os sintomas, por outro lado. Nesse outro, não foi tão diferente com as mulheres-meninas que Freud atendeu. Dora, por exemplo, morreu de medo do amor pelo pai. Também tinha as suas soluções de vida e morte, cavalos assustadores. Por outro lado do outro lado, bem antes de Dora e Hans, o mesmo drama estava no Hamlet de Shakespeare e no primeiro Édipo, o próprio, de Sófocles.

Todos eles e todas elas, nos livros ou na vida, precisaram entrar no primeiro amor e dele tentar sair. Viveram disso, foram estruturados por isso. Todos, todas, todes temeram a atração primitiva necessária e o medo da retaliação do concorrente, pai, mãe, amados, odiados, ambivalentes como fomos, somos e seremos para sempre, dentro e fora das histórias infantis que tanto nos representam. No nosso caso, dá-se na vida em si, pois essa história se repete, a cada desenvolvimento, sempre único e original. Conhecê-la ameniza, o que também interessa – e muito – à escola. Somos forjados por histórias; por essa, em especial. Mas, antes de chegar a ela, o desafio maior é o paradoxo de necessitar disso e não poder vivê-lo concretamente. Porque é uma regra desse jogo com regras que é a educação. Incesto, parricídio, matricídio são incompatíveis com a vida civilizada; basta ler o primeiro Édipo. Ao realizar o que era proibido, furou os olhos para não enxergar, enlouqueceu para não conviver com a realidade. Saiu fora da casinha para ficar nela para sempre; não aprendeu a lacuna, não foi ensinado a suportar a falta e não pôde ir à escola ou adiante.

Mas tem jeito; basta os pais não economizarem o amor e não o temer (ou não temer seu temor), não poupando a subjetividade, mas acatando o seu limite, diante da concretude. A pré-história do Édipo é tão ou mais importante do que a sua história. Claro que vão precisar ter sido suficientemente amados ou terem se revisado em seu desamor (o encontro) para deixar que o amor fique por dentro até que não assuste, em suas fantasias e seus ódios. Que seja pensado sem ser feito, que se torne arte e símbolo, teatro, canção, esporte, representação. Que seja deslocado da melhor forma, contado, contido, representado, interpretado. Que vire diálogo, palavra. Que vire tragédia escrita, como a que inspirou Freud. Que seja castrado com elegância, mesmo firme, em sua violência peculiar, como uma literatura. Que vire aprendizagem. Para a pedagogia e a psicanálise, representar é preciso. A única salvação, talvez. Não é fácil, precisa do outro, de uma comunidade inteira (a escola). Precisa arte antes em casa e, depois, na escola.

O amor, afinal, fundou, estruturou, permitiu que se fosse adiante. E, um dia, em plena obra (nunca finda), Édipo e Electra, depois de saírem de casa (da tua casa) matriculam-se na escola (na tua escola). A ela chegam cheios de amor necessário, vivido, negado, permitido até certo ponto, proibido por outro, sempre ambivalente, entre dois (ficar ou zarpar), entre três, à espera de estar a muitos, no grupo, enfim. Estão em busca de aprendizagem e necessitam de apego com um segundo (mãe?) e do limite de um terceiro (pai?), prontos para se revisarem e melhorarem em suas reedições (no tratamento). E, como sempre, tudo será revivido e novamente testado, porque a vida – e também a psicanálise – acreditam na transferência ou na realidade de que estamos eternamente trazendo à tona os mergulhos de nossas fantasias primeiras e principais. Estamos sempre prontos para uma nova chance. Vivemos de lances e relances. De forma que as professoras e os professores* encontrarão um aluno ou aluna com maior ou menor capacidade de se vincular. As crianças nada mais estão fazendo do que (re)contar a sua história, ou o começo do Édipo. Tudo é história. Do começo virá o sintoma, esta narrativa incompleta. Do começo depende a maior ou a menor capacidade de se relacionar (sintoma). E aprender, porque aprender, como de resto, é fruto de uma relação amorosa (Freud). Ou seja, estamos ante a reedição de Édipo, no sentido de estar em cena novamente o drama de um amor a dois, a três. Somos edições e reedições. Pode o professor compreender sem teorizar antes? Como ele próprio o viveu? De forma cômica? De forma trágica?

As respostas são fundamentais para (re)criar essa relação amorosa indispensável para a curiosidade, a aprendizagem, a vida social de uma escola. De forma que as professoras e os professores encontrarão um aluno ou uma aluna com maior ou menor capacidade de se separar de vínculos construídos lá atrás. As crianças estão contando, através do que aprendem ou não, o começo da sua história ainda sem nome ou a continuação, já como Édipo. Às vezes, nos casos mais regressivos, a pré-história disso. Tudo é sempre uma história sendo contada. Ao estancar-se, não se se aprende, história que não continua. Do seguimento de ouvi-la depende a maior ou a menor capacidade de se relacionar. E aprender, porque aprender, como tudo de resto, é fruto de uma relação amorosa que soube começar e ir adiante,

---

\* E que falta esses fazem na escola infantil! (Guerra, 2022).

contínua, ritmada, repetida, ouvindo e contando. Estamos sob a égide da aprendizagem de não realizar a consumação concreta (mas inventada) do amor, de estar a três, e esperar. Imaginar, verbo essencial para aprender. Cabe a imagem (Freud) de que aprender é sublimar, desviando-se do perigo de uma história através de outras, sexualmente impossíveis, socialmente possíveis. É deslocar, inventar, outra coisa da coisa primeva. Envelopar pulsão e ignorância. Cabe a imagem de que aprender é preservar os olhos (não furá-los) para ver o que pode ser aprendido. Porque o grande aprendizado de Édipo, que o próprio, mártir da vida mental, não pôde alcançar, é dar-se conta de que o proibido hoje será permitido amanhã, de outra forma, com outro alguém. Ou, como ouvimos com o Chico Buarque, em Futuros Amantes, o amor não é para já ou, em outra melodia cantada por ele, amanhã será outro dia. Aprender é também esperar aprender, suportando que não se sabe (Bion). E, como um poema tentou expressar com humor, saber esperar pode ser o grande remédio para o drama de Édipo e de todos os outros:

> Ó como eu desejava possuir mamãe!
> Para isto teria de matar papai.
> Estava escrito em todos os jornais,
> papai se precavia espertamente,
> e a morte tornava-se difícil.
> Hoje papai é rabugento:
> doente, fraco, fácil de matar.
> Mas, cá entre nós, mamãe
> já não é lá essas coisas.
>
> Tudo isto prova
> que a vida sempre
> chega depois.
> (Gutfreind, 1991, p. 18)

Reedição de Édipo, no sentido de estar outra vez em cena a expressão de um amor a três. Pode o professor compreender? Como ele próprio o viveu? De forma cômica? De forma trágica? As respostas, por mais que não existam, são fundamentais para (re)criar a relação amorosa indispensável à curiosidade, à aprendizagem, à vida social de uma escola. Agora nos aproximamos do final. Capítulo a capítulo na vida, parágrafo a parágrafo no texto, contamos o amor a dois, a três. Entre o permitido e o proibido. Ambivalente, com ódio. No fundo, foi só um jeito de contar uma história, que é a de todos nós, descontadas as individualidades. Há outras formas, basta contar. Aprender é poder ouvir as histórias infinitas da aprendizagem. Houve ontem (Klein) quem defendesse a ideia de que essa história começa mais cedo do que Freud imaginou. Há hoje quem desenvolva a ideia de que o tema central, na sua trama, não estaria na realização de um amor proibido. O primeiro (o de Sófocles) não teria enlouquecido por desrespeitar as regras civilizatórias, ter ido às vias de fato com a mãe, assassinado o pai (Guedeney, 2001).* O grande drama de Édipo, além dos fatos, teria sido desconhecer a própria história, não ter podido ouvi-la antes, e não poder contá-la agora, ouvindo o relato alheio, incapaz de ser apre(e)ndido. Ela, inclusive, seria outra, se ele a soubesse. Faz sentido. Não há desenvolvimento sem história, não há crescimento sem narração ou poesia. Não há aprendizagem. Aprender é conhecer a história, seja da própria vida, seja da matemática. E, sem a primeira, não se pode chegar à segunda. Por não haver contado, a conta não fecha. Literal e simbolicamente. Aqui a psicopedagoga Alicia Fernández (2001) destaca como função primordial da aprendizagem promover o que ela chama de "autoria do pensamento".

Novas versões não destroem o que já contamos. Aumentam um ponto, contam um conto. Elas acrescentam outra possibilidade para a trama, segundo a qual Édipo nos ensina que é preciso adentrar a própria história para que ela possa prosseguir e afastar a morte – fim da aprendizagem –, pelo máximo de tempo possível. O tempo biológico. No meio de tantas verdades, há um consenso: precisamos contar e ouvir para viver. E, claro, para aprender. Nesse sentido e em tantos outros, sem apreender o drama do primeiro Édipo, escola nenhuma poderia ensinar algo de todos os seguintes, incluindo o da aprendizagem. E, certamente, eles e elas estão por aqui, dentro e fora de nós. Se encontrarem amor suficiente em casa, se (re)encontrarem amor suficiente na escola, continuarão realizando com esperança as suas matrículas.

---

* *Du neuf dans l'Œdipe?*, comunicação escrita e apresentada na Associação Médica do Rio Grande do Sul, em 2001.

# 6

# ENTRE EVIDÊNCIAS E FANTASMAS: EM DEFESA DE UMA ESCOLA POÉTICA*

Hoje as evidências estão em voga. Ou voltam a estar e a educação também pode colher frutos dessa presença ou desse retorno. É evidente que uma ciência se beneficia de um protocolo, e o protocolo se beneficia do que é objetivo e dedutivo. Como negar a importância da evolução das neurociências, imagens diagnósticas, evolução medicamentosa, entre tantas outras novas e importantes descobertas?

É evidente que precisamos nos lembrar, todos os dias, de que também somos feitos de um corpo, que é feito de neurotransmissores, átomos, células, genes. Observáveis, palpáveis, mensuráveis. No entanto, não podemos nos esquecer da rosa, como diria Vinícius de Moraes e, especialmente, de Cecília Meireles, esta grande educadora, como toda mãe que o faz de forma ritmada: "Ou isto ou aquilo: ou isto ou aquilo ... / e vivo escolhendo o dia inteiro! / ... Mas não consegui entender ainda / qual é melhor: se é isto ou aquilo." (Meireles, 1990, p. 57).

---

\* Reescrito a partir de um artigo publicado na revista *Pátio – Educação Infantil*.

Porque também é evidente que somos feitos do que não é evidente, mas subjetivo, relativo. E precisa ser olhado, ser ouvido. Nem melhor nem pior, tão importante quanto. Entre genes, átomos, células, neurotransmissores – todos essenciais para o nosso conhecimento – somos construídos por histórias, como expressou, contando, o escritor Galeano (2012). São narrativas não mensuráveis nem palpáveis. Contáveis tão somente, se fomos antes cantados (ouvidos, olhados). E, assim, somos tecidos por afetos, por encontros, por uma matriz intersubjetiva, igualmente evidente. Precisamos disso e daquilo e do que sequer ainda não conhecemos. E toda educação que ignorar esses começos será evidentemente falha, na sua continuidade de descobertas intermináveis.

A qualidade dos encontros iniciais (poéticos) é decisiva na capacidade ulterior de aprender, pelo menos por dois motivos: um é a evidência de que eles nos moldam, constroem o nosso feitio, a nossa fome de saber, a nossa sede de conhecer, o nosso jeito de ser e estar – a nossa identidade –, abrindo o espaço no tempo, onde somos; dois é que, graças à transferência (Freud), todo molde e todo feitio construído no começo reaparece a cada encontro e reencontro. É dinâmico, permanente, interminável. A propósito, outro poeta, *habitué* neste livro, já se manifestou, devidamente melódico: "Já tive quinze anos. / E dezesseis, dezessete, trinta... / Ainda tenho todas as idades, / sou o que fui, continuo. / Não paro de querer tudo o que quis. / Não paro de perder o que perdi." (Hecker, 2014, p. 295).

Assim, embalados pela poesia, essencial para a aprendizagem, podemos compor a prosa de que cada novo encontro, em sala de aula, evoca a qualidade dos encontros iniciais. Por isso, vale aqui também a máxima estendida de Fraiberg (1999), de que uma sala de aula está envolta em fantasmas,* além das evidências, é claro. Ou seja, não é muito claro, mas a procura da luz é permanente, e a qualidade de tais interações pode ser até mesmo classificada como uma evidência qualquer.

Um primeiro eixo se refere ao que chamamos de interações naturais ou biológicas, estudadas por autores como Brazelton (1981). A ideia é simples e, hoje, mais atual ainda. Para promover um desenvolvimento suficientemente adequado, é preciso estar presente. O negócio, que não é um negócio, não pode ser – ou, pelo menos, começar – virtual ou a distância. Chegar a

---

* Ela se referia aos fantasmas no quarto do bebê.

si e ao mundo – aprender – depende, nos primórdios, completamente do outro. De uma relação poética com o outro. Presencial, portanto. Bebês necessitam de olho no olho, toque, gestos, banhos de palavras e melodias, disponibilidade no aqui e agora. Cheiro. É o que constrói o seu alicerce. A poesia dos começos é que parece gerar a prosa de suas continuidades. E isso não é virtual. A tela aqui não cabe. A ausência despoetiza. A construção do espaço poético pressupõe o outro. A poesia está fora do espectro autista. A importância disso no cenário educativo é enorme. Não há ensino a distância possível, especialmente nos primórdios. Educar aproxima-se de criar, onde é preciso pôr a mão na massa, "estar junto" (Stern), topar entrar no imbróglio, na maçaroca de eu e outro, de onde se sai um eu maior e melhor, por estar mais próximo de si mesmo. Aprender é também aprender a conhecer-se, e isso, como de resto tudo o que é afetivo ou subjetivo, já não se pode fazer sozinho. A aprendizagem é no fundo a história dos encontros, onde se olha, se toca, se cheira. Precisa dos corpos, no começo. Precisa das almas, no começo. Ela nasce acompanhada para, depois, um dia, poder ser sozinha, alma com memória do que esses corpos contaram.

O segundo eixo dessa classificação dinâmica refere-se às interações afetivas. Um de seus representantes é justamente o Stern (1992, 1993, 1997), tão presente em nosso livro e já mencionado, nas biológicas, significando que tal desejo classificatório torna-se artificial na teoria distante de uma prática em que tudo se junta na hora da vida e da aprendizagem. Curar-se, às vezes, é fugir de classificações para poder amar, aprender, trabalhar, essas integrações não classificáveis. Stern mostrou que a mera presença não basta para dar vontade de viver. E conhecer-se. E aprender. O encontro precisa ter acordo, comunicação, desejo, brilho no olho, vontade outra vez de "estar com". Sintonia. Vitalidade. Afeto, enfim.

A aplicação disso na clínica e na clínica da aprendizagem é enorme. Voltando ao poeta Hecker Filho, toparemos com frequência com um adolescente de quinze anos absolutamente desinteressado pela aprendizagem. Mas, se atentarmos à evidência abstrata de que habita nele uma criança de cinco anos, ou um bebê de dois, banhados por uma relativa ou (quase) absoluta falta de afeto, essa pode ser a hora concreta e a chance esperada de banhá-lo, a contrapelo, na secura inicial. De resgatá-lo, de relançá-lo no interesse por si mesmo e pelo mundo (aprendizagem). De preenchê-lo com a poesia faltante do começo para que entre na prosa da continuidade.

Toda discalculia aponta cálculos atrasados, mas prontos para relançar--se. Toda desatenção é o cenário de uma desatenção que a precedeu. Toda dificuldade de leitura assinala a falta de leituras prévias. É preciso ler e reler uma história que já começou, faz tempo. É permanente, interminável. Não se aprende nem se ensina sem afeto ou sem muito afeto, e todo afeto presente topará com a presença e a ausência de afetos precedentes. Por isso, é tão difícil. Por isso, é tão fascinante.

O terceiro nível de interações refere-se às que chamamos de fantasmáticas ou fantasiosas, estudadas por cientistas atentos ao contexto concreto e abstrato das evidências, como Serge Lebovici (2002) e Bertrand Cramer (Cramer & Palacio-Espaza, 1993). Elas retomam a evidência da presença permanente de fantasmas entre as células, de histórias não historiadas entre os átomos, de afetos não nomeados entre os neurotransmissores. Elas, talvez, expliquem por que uma criança com um histórico de presença e afetos adequados – os dois primeiros níveis – também pode apresentar dificuldades de aprendizagem, ligadas ao que, apesar de toda a boa atmosfera disso, ela nunca pôde dizer. Aprender é poder ouvir o que foi dito pelo outro e depois poder dizer por si.

Um dos grandes desafios de lidar com o desenvolvimento do bebê e da criança é poder integrar ou conciliar todas essas áreas, entre um corpo com seus conteúdos, cognições, e o que não está concretamente nele, que são afetos e fantasmas. Por isso, um cenário educativo e criativo, dentro e fora da sala de aula, precisa ser igualmente um espaço de ventilação de não ditos diversos, de expressão de segredos e, sobretudo, de escuta e transformação que integre esse encontro doido de diversidades: "Malucos, somos iguais a diferença" (Lee, 2003). E, se não puder ser por si, que recorra a um apoio. Ninguém aprende sem apoio. Ninguém ensina sem apoio. Fantasmas, histórias não contadas, dores não ventiladas truncam uma aprendizagem e trancam uma atenção. Precisamos dizer e sermos escutados para viver e aprender.

A classificação pode ser interminável, como uma aprendizagem. Mas convém não esquecer outro de seus níveis, que é o cultural, estudado por autores como Marie Rose Moro (1994) e Rébecca Duvilié (1997), e que relativizam cada encontro educativo, apontando a necessidade de sentir e entender que as diferenças se farão sempre presentes e marcadas pelo local, pelo momento histórico, pelas marcas de cada protagonista.

Sim, todo encontro vive o paradoxo de ser único, inaugural e estar atrelado a um passado que o permite e não o permite, ao mesmo tempo. Um começo, marcado pela qualidade das interações precoces, decide. Mas não tudo. Ele não é destino e depende da história que virá. Uma continuidade bem-feita pode fazer recomeçar, resgatando as lacunas poéticas do começo, relançando a possibilidade de contar, logo de aprender. Por isso, é tão difícil. Por isso, é tão fascinante.

# 7

## O CONTO E A ESCOLA:
## UMA EXPERIÊNCIA DE ABERTURA AO OUTRO*

> "Bettelheim me ensinou a escutar as crianças com mais atenção, a nada perder do que elas dizem, a fazer hipóteses sobre o que se esconde atrás de suas palavras e a comunicar com mais precisão... Ele me ajudou a ser menos intelectual e mais lúdico durante as sessões de terapia."
>
> **Alvin Rosenfeld**

A hipótese principal de nossa pesquisa era a de que um ateliê utilizando os contos como mediador poderia ter efeitos benéficos sobre o imaginário de crianças separadas de seus pais e, dessa forma, tornar-se terapêutico. A técnica apoiou-se muito em minha experiência de escritor para crianças no

---

\* Este capítulo é resultado de um trabalho realizado em coautoria com Brigitte Cheyssial, Farida Aich e Sophie Boirlaud, professoras de Escola Maternal da região parisiense, e foi reescrito a partir de um capítulo originalmente publicado no livro *O terapeuta e o lobo: o conto na clínica e na escola* (Artmed, 2020), sobre as minhas pesquisas em torno do uso terapêutico do conto em abrigos da Aide Social à l'Enfance (ASE), em Paris.

Brasil, assim como em práticas análogas observadas na França, como a de Pierre Lafforgue (1995) com crianças psicóticas e autistas, em Bordeaux, ou de Marie Bonnafé (1994) com os bebês, em Paris, e na região parisiense.

Oferecendo às crianças, essencialmente, três momentos em torno do conto (a escuta, o reemprego através do desenho e da encenação das histórias), propus um trabalho clínico terapêutico capaz de abrir espaços imaginários, apoiando-me, para isso, nos conceitos de espaço lúdico ou de espaço potencial, desenvolvidos respectivamente por Winnicott (1951/1969, 1971/1975) e Pavlovsky (1980/1990). A importância do conto (e do contador) como instrumento capaz de ajudar as crianças a encontrarem representações de seus arcaísmos psíquicos e a construírem seu pensamento esteve, com frequência, em minhas reflexões teóricas, baseadas na clínica dos ateliês (Bion, 1962, 1963; Guerin, 1981, 1984).

A introdução de um grupo-controle, na escola, para o qual a mesma intervenção foi proposta, deveu-se a questões metodológicas. Por se tratar de uma pesquisa clínica experimental, visando sobretudo a observar os efeitos terapêuticos de um ateliê de contos sobre uma população de crianças separadas, de forma prolongada, de seus pais, o grupo-controle apareceu como um parâmetro de comparação necessário com o objetivo essencial de verificar a existência de eventuais aspectos específicos de uma ou outra população, discernindo os possíveis progressos das crianças separadas de seus pais, e secundariamente, fornecendo uma ideia da forma mais adequada de organizar um ateliê destinado a crianças que vivem com os seus pais (que "vão bem").

Penso que o grupo-controle, na escola, composto por crianças que vivem com seus pais, desempenhou seu papel, na medida em que os diferentes instrumentos de avaliação utilizados na pesquisa revelaram, com frequência, que as crianças do grupo experimental passaram a mostrar capacidades similares às das crianças na escola. De certa forma, esse elemento de comparação permitiu também fixar características do grupo experimental.

Se esse grupo-controle mostrou já de início, como previsto, um perfil de crianças que pareciam não apresentar dificuldades, especialmente em termos de vida imaginária (e afetiva), muitos instrumentos, no entanto, assinalaram a presença de dificuldades nesses domínios em uma parte do grupo. Ele era composto de crianças que iam bem na escola (de acordo com a recomendação que tínhamos dado às educadoras para a escolha da população) e, dessa forma, o achado nos surpreendeu, mesmo que envolva somente duas crianças sobre um total de nove. A evolução das crianças, ao longo dos ateliês terapêuticos de contos, que tiveram a duração de um ano escolar, apresentou, igualmente, muitos aspectos interessantes.

Mas foi o momento em que se comunicou os resultados à equipe da escola (especialmente às professoras que me acompanharam durante toda a pesquisa) que me estimulou a desenvolver essas reflexões. O período em que, juntos, fizemos o balanço de nosso trabalho, foi pleno de trocas ricas e densas. As reflexões, trazidas pelos membros da equipe da escola a partir de um trabalho utilizando os contos, podem contribuir no campo da educação e no debate em torno de certas dificuldades atuais enfrentadas pela escola francesa e, talvez, em outros países. É por isso que as apresentarei aqui, mas somente depois da exposição de algumas experiências e ideias sobre o papel e a importância do conto na escola.

## OUTRAS EXPERIÊNCIAS

"É preciso ler muito, ler ainda, ler sempre."

Gaston Bachelard

Mesmo que os meios educativos tenham mostrado, com frequência, sérias reservas em relação à adequação dos contos tradicionais para as crianças (Brauner citado por Gillig, 1997), e mesmo que Bettelheim (1976) tenha tido de se esforçar para convencer os pais e alguns educadores quanto à importância desses contos assustadores, é possível encontrar hoje em dia, sobretudo na França, trabalhos interessantes sobre a sua utilização em pedagogia e em reeducação. Já tivemos, inclusive, a oportunidade de destacar que os contos de fada encontram, atualmente, um lugar especial na França e que, mesmo em se tratando de uma certa moda, podemos reconhecer os efeitos benéficos disso (Gutfreind, 1999).

A abordagem pedagógica e reeducativa interessa-me diretamente na medida em que também escolhi a escola como campo de pesquisa. Refletir sobre o espaço de um ateliê de contos em meio educativo faz parte, portanto, do meu trabalho, e aqui direi algo a respeito de minha experiência na matéria. Além disso, diversos estudos pedagógicos sobre a utilização dos contos me interessaram bastante. A partir da leitura desses trabalhos, cheguei a crer no papel do conto como mediador na integração de dois campos até então pouco inclinados a se misturarem: o terapêutico e o educativo, como observou, por exemplo, Chiland (1971).

Um desses autores é Gillig (1997), que examina diretamente a utilização de contos na escola. Ele evoca as funções do maravilhoso e do simbólico:

> Já observaram um grupo de crianças fixadas nos lábios do contador de histórias, cativadas pelo charme que opera o maravilhoso? Trata-se de uma espécie de captação que se assemelha ao estado de uma alma encantada, em êxtase (Le Robert)* que transporta o encanto do universo maravilhoso do conto para o banal quotidiano. Uma espécie de transfiguração, no sentido literal do termo, porque é no rosto que se veem os efeitos do encantamento. (Gillig, 1997, p. 62).

Essa função, já antecipada por outros autores como Péju (1989), é de efeito, senão terapêutico, benéfico, e abre o acesso a outros benefícios, estimulando a imaginação e propiciando elaborar conflitos a partir da história, pré-requisitos que facilitarão a aprendizagem. Além disso, a referência do autor à expressão facial remete à importância do olhar do contador como um espaço de leitura para a criança e, portanto, mediando meu trabalho.

Da experiência obtida nas escolas, Gillig (1997) também constatou – e aqui ele se refere a Bettelheim – que as crianças experimentam um prazer enorme ao conseguir enfrentar e controlar a angústia suscitada pelas histórias assustadoras. E uma prova disso é que pedem para escutar outra vez. O autor insiste ainda no valor do conto como uma ferramenta, permitindo restabelecer a continuidade entre a realidade e a ficção, ou, principalmente, traçar a fronteira entre elas, o que ele considera, sob um ponto de vista psicanalítico no campo educativo, como "a tarefa mais difícil em educação e em reeducação" (Gillig, 1997, p. 76).

Gillig (1997), enfim, mostrou que o conto, pela estrutura e pelo valor inegável como narrativa, possui não somente um potencial terapêutico para as crianças em dificuldade ou em reeducação, mas merece ter espaço amplo na escola, em função do valor de seu aspecto lúdico, presente no

---

* Referência direta ao *Le Robert*, o célebre dicionário da língua francesa.

encantamento referido. O lúdico e o encanto são verdadeiras pontes para a leitura e o aprendizado.

Através de um trabalho desenvolvido em um hospital-dia, em torno de uma experiência de "ensino especializado", Chouchena et al. (1997) confirmaram os efeitos benéficos que o conto poderia ter na escola, inclusive como desbloqueio de dificuldades de aprendizagem. Em sua experiência de utilização dos contos com um "objetivo pedagógico", Cazaux (1997) não considera esse caráter educativo no sentido estrito do termo, mas como um "modo de compreender a experiência humana e transmiti-la" (Cazaux, 1997, p. 8). Alguns dos resultados de sua experiência me interessaram bastante, especialmente a constatação de que as crianças que frequentaram seu ateliê de contos tornaram-se capazes de emitir frases mais construídas, de recorrer a um vocabulário mais rico e de apresentar uma capacidade narrativa mais elaborada, além de adquirirem maior facilidade de leitura, o que acompanha o sentido das hipóteses já aludidas de Lafforgue (1995) e de Diatkine (1987, citado por Ayrault et al., 1994).

É possível observar, nessas diversas experiências, o quanto a questão do espaço lúdico as permeia, seu desenvolvimento mostrando-se capaz de estimular a vida cognitiva, assim como o faz com a qualidade da saúde mental. Os contos, em especial com crianças pequenas, por demandarem um estar junto banhado de afetos, fomentam o cognitivo.

As experiências bem-sucedidas de utilização dos contos na escola, apoiando-se em bases psicanalíticas, multiplicam-se em vários locais no Brasil (Cunha, 1991) e sobretudo na França, o que parece confirmar a ideia de que a relação entre conto e escola não é apenas possível, como também desejada (Loiseau, 1992; Simonnet, 1997; Thomassaint, 1991; Willaume, 1994).

## SURPRESAS NA ESCOLA

### Allan e Quacu

Propus aos grupos um ateliê terapêutico de contos durante um ano escolar. Minha metodologia incluiu uma avaliação inicial das crianças, antes do início dos ateliês, e uma segunda, no final. As crianças que mais chamaram a atenção na primeira avaliação foram Allan e Quacu, ambos com cinco anos. Os resultados foram deficientes nos testes sobre sua vida imaginária (principalmente o teste projetivo CAT). Quacu apresentava indícios de uma problemática depressiva. Lembremos que os dois não demonstravam dificuldades maiores em sala de aula. Allan, de origem chinesa, compensava sua deficiência de verbalização com uma *performance* bastante boa.

Se Quacu, cujos pais vieram do Mali, não mostrou uma evolução tão favorável, a de Allan nos surpreendeu. A comparação entre a primeira e a segunda parte de seu protocolo demonstrou um progresso significativo, principalmente em termos de vida imaginária e de verbalização, bem como de inteligência. Seu comportamento, nas sessões de contos, evoluiu no mesmo sentido, partindo de um mutismo total nos primeiros encontros até chegar a uma descontração (criativa) e uma possibilidade de interagir com o contador (e os contos) para, em seguida, expressar-se com mais facilidade através da palavra e do desenho como as outras crianças. Se forem acrescentados a isso os progressos sutis que revelaram esses mesmos testes, nas outras crianças do grupo, sobretudo em termos de vida imaginária, pode-se dizer que o ateliê de contos desempenhou seu papel terapêutico no grupo de crianças na escola. Mas as observações da professora de Allan, nos questionários e entrevistas previstos pelo protocolo de avaliação, nada referiram desses progressos, como se estivessem se restringindo ao espaço do ateliê.

Lembremos que, na escola, trabalhamos com dois grupos, o 1 e o 2, compostos, respectivamente, de seis e cinco crianças, ambos emparelhados com os dois grupos experimentais (nos abrigos, com crianças separadas de seus pais) de acordo com a idade, o sexo, o nível socioeconômico e a origem cultural. É importante destacar também que o grupo 1, na escola – emparelhado com o grupo experimental do abrigo 1, ou seja, composto, na sua maioria, por filhos de imigrantes e do qual faziam parte Quacu e Allan –, mostrou, de forma geral, e especialmente em termos de vida imaginária, mais dificuldades do que o outro grupo-controle, fazendo ver o papel do aspecto cultural nessas dificuldades.

## Bertrand e Corinne

Fato que chamou a atenção foi que duas crianças do grupo-controle apresentaram um quociente de inteligência acima da média, acompanhado de uma problemática, afetiva sobretudo, que me levou a considerá-las como superdotadas. Foram Bertrand e Corinne. O fato de que representam 22% das crianças avaliadas nesse grupo, enquanto a taxa média de prevalência para esse tipo de população é de 5% (Terrassier, 1981/1999),* levou-me a pensar que as professoras tivessem ido além de minhas recomendações sobre a escolha das crianças para o ateliê. Teriam escolhido os "melhores" alunos em vez dos que apenas iam bem. Isso introduziu novo parâmetro na pesquisa, mas o ateliê pôde desempenhar um rastreamento e ajudar aos dois, pois os resultados de seus protocolos demonstram terem aproveitado bastante a atividade lúdica em torno do conto.

## Com a equipe

Procurando sintetizar o protocolo da pesquisa e os sinais de evolução das crianças da escola durante a intervenção, o contato com a equipe se mostrou rico na análise de seus resultados principais. Tentamos, juntos, propor hipóteses para compreender melhor a situação e a evolução positiva nos ateliês, especialmente a de Allan, esse menino de cinco anos e meio, de origem chinesa. As professoras relembraram as dificuldades que essas crianças e suas famílias de imigrantes podem encontrar em relação à escola, estrangeira para elas, que representaria, segundo sua experiência, o "medo do desconhecido". Lembraram também as dificuldades enfrentadas, com frequência, pelas crianças de origem asiática, apesar de uma boa *performance* escolar no jardim de infância (como no caso de Allan), no sentido de trazerem "coisas" de seu país, de poder falar, trocar, integrar-se, enfim.

Foi evocado também o fato de que, como espaço mais lúdico do que de aprendizagem propriamente dita, o que o torna um espaço neutro, o ateliê de contos permitiu que Allan revelasse progressos que não poderia expressar em sala de aula, local carregado de tudo o que a escola pode representar de ameaçador para o menino de uma família em exílio. Sendo o conto obra aberta, várias são as teorias que tentam explicar o seu efeito terapêutico, e diversos modelos de pensamento poderiam dar conta do que se passou com Allan. Já os referi na abertura deste capítulo, ressaltando a função de encantamento, vinda de um efeito lúdico do mediador conto

---

\* Observa-se que o tamanho da amostra, explorada sempre de forma qualitativa, não é significativo.

e, para mais detalhes, incluindo o detalhamento do protocolo, sugerimos a leitura de nosso livro *O terapeuta e o lobo* (Gutfreind, 2020), no qual a pesquisa aparece inteiramente descrita.

Gostaríamos agora de nos remeter a autores ligados à etnopsiquiatria, que demonstraram o valor simbólico que a escola pode assumir para as crianças filhas de imigrantes e as dificuldades (traduzidas, por exemplo, por uma ausência de discurso) que podem emergir na passagem da casa para a escola (Moro, 1991; De Plaen et al., 1998; Duvillié, 1997). Abrindo um espaço neutro e sobretudo lúdico, o ateliê pôde permitir que Allan se expressasse na escola, desenvolvendo facetas de sua vida imaginária, mesmo que isso não tenha se traduzido no seu comportamento em sala de aula, espaço menos neutro. Destaque-se que se trabalhou com contos do folclore mundial, o que teria tido significado especial no caso de Allan, sublinhando o universal dessas histórias, como destacou Diatkine (1994).

Se pensarmos em Quacu, cujo progresso foi bem mais discreto, conservando dificuldades iniciais (a permanência de um estado depressivo), calcula-se que um ateliê baseado em contos de sua cultura poderia ter se mostrado mais eficiente para ele. A propósito, experiência norte-americana, realizada em Nova York, utilizou contos do folclore porto-riquenho com crianças dessa origem e revelou melhores resultados do que os de um grupo-controle com contos universais (Constantino et al., 1986). Dessa forma, expôs-se a valia do conto, objeto cultural, em estruturar a vida psíquica de cada um, devolvendo-lhe a saúde que a realidade tirou ou agindo, antes disso, como um fator de resiliência, inclusivo, preventivo, conforme atestam estudos de autores como Devereux e Moro.

As professoras valorizaram outra experiência de intervenção externa, em que as crianças de uma classe de ensino básico numa escola vizinha vinham ler textos para as crianças menores, das classes do maternal. A partir daí, a ideia de uma intervenção exterior do tipo ateliê conto na escola pode revelar pelo menos três aspectos interessantes. Abre novo espaço, mais neutro, em que a escola estaria presente, mas de forma menos autoritária, mais liberada de projeções pesadas que por vezes recebe e que podem ter origem em conflitos existentes nas famílias, chegando o ambiente escolar a simbolizar uma ameaça, com o medo do desconhecido ou a dor do exílio na cultura do novo país. A se pensar que toda infância é um país, a entrada na escola seria uma viagem rumo ao estrangeiro. Em seguida, esse tipo de atividade poderia encorajar as escolas a superarem as dificuldades ligadas ao pesado cotidiano que encontram nas tarefas educacionais, abrindo-se um espaço de aprendizagem mais lúdico e indireto (Hétier, 1999):

> Trata-se de um radical desafio à educação de zero a três anos pois exige compreender o currículo não como um plano prévio de ensinar a vida mas como abertura à experiência de viver junto – bebês, crianças pequenas e adultos professores – as situações contextualizadas em narratividades. (Barbosa & Richter citado por Cairuga et al., 2014, p. 100).

Finalmente, o benefício que se tiraria desses tipos de atividade evoca o apoio à equipe, que se sente, com frequência, em dificuldades no confronto com a situação descrita, especialmente se esse apoio procura aumentar a autoestima dessa equipe, incluindo-a no projeto e encarecendo suas ideias e experiência. Valorizadas, as professoras puderam aceder a abrir-se um espaço de reflexão, escuta e troca a respeito dos conflitos criados por situações difíceis e geradoras de muita ansiedade: graves casos sociais, problemas ligados à imigração, ou os dois ao mesmo tempo. Portanto, cuida-se de quem cuida.

Uma atividade lúdica do tipo ateliê conto, fora da sala de aula, seria útil nessas situações em que não raro as equipes se sentem impotentes. Oferecer momentos de prazer às crianças e esse apoio às professoras é em princípio benéfico. Essas concluíram valorizando o que representou para as crianças restituir-lhes seu próprio patrimônio cultural e assinalaram a necessidade, relacionada à variedade de origens culturais das crianças, de diversificar o material com que se trabalha em sala de aula.

## Perspectivas

A pesquisa se alongou, mas os momentos com a equipe da escola foram vivos e me levaram a pensar que, na situação, espaços lúdicos do tipo ateliê conto mereceriam mais que grupos-controles restritos. Há o interesse de escolas hoje em dia por esse tipo de atividade. Os espaços lúdicos confirmam experiências pedagógico-clínicas, aludidas no início deste capítulo, como facilitadores da aprendizagem em cuja base está o lúdico.

Outro aspecto a ser destacado é que, de acordo com cada uma das crianças mencionadas neste capítulo, cada dificuldade de aprendizagem é única, permeada por fatores específicos do seu ambiente e da sua cultura. Mais do que metodologias ou os resultados em algumas crianças, a busca deles é que nos parece providencial. Como no poema "Ítaca" do poeta Cavafy (1958), mais que o ponto de chegada vale a forma da viagem.

Se se tratava, no começo, de uma escola que se abriu à experiência de uma pesquisa clínica, marcada por uma intervenção lúdica, essa flexibilidade se caracterizou, ao final, pelos bons resultados em aproximar a educação da clínica e o lucro das abordagens interdisciplinares (Chiland, 1971). As observações feitas em torno dos resultados mereceriam ser aprofundadas pelo prolongamento dessa experiência. Mas, através do que pôde ser vivido na escola, já chegamos a um clima de abertura ao outro, no caso um profissional vindo de outro país, e pelo interesse das equipes por alunos cujas famílias também vêm de um outro país. Detivemo-nos nos contos, num determinado setor, a educação, num país, a França, numa época, mas acredito que o trabalho seria útil em geral.

A noção de estrangeiro, ou estranho, pode ir além do seu significado concreto; estrangeiros, afinal, todos são, do útero à realidade externa, da relação simbiótica com a mãe à abertura aos outros, da casa à escola, da infância ao mundo adulto, do silêncio à capacidade narrativa (Kristeva, 1988b) e, quem sabe, uma experiência lúdica em torno dos contos poderia oferecer representações conscientes, a ajudarem nessas passagens em outros contextos culturais. Mais do que a objetividade dos resultados, nessa abertura ao outro, na disposição para o encontro, como em uma psicoterapia, demonstrada aqui pelos protagonistas do trabalho, encontra-se uma via de melhorar nossas condições de trabalho com as crianças e chegar a uma vida escolar mais alegre e sadia.

# CONCLUSÃO DESCONCLUÍDA

Só a voz nos acalma,
não no que ela diz:
o sentido é inteligente,
a música é feliz.*

Difícil, senão impossível, concluir um livro cujo tema central é a aprendizagem de bebês e crianças. Uma aprendizagem, ao ser bem lograda, abre-se a infinitas possibilidades, longe de qualquer conclusão. Interminável. Poder aprender é estar sempre aberto e não saturado ao novo, inconclusivo, em especial ao optarmos por uma forma mais poética e artística, dando conta do nosso próprio sujeito e do sujeito abordado, o bebê, esse poeta, inventor da linguagem. Ainda assim, alguns temas merecem destaque. E vale retomar, ao final, o que havia, no começo, em minha formação.

Anos depois de haver sido bebê, sempre com ele nas ventas, tive a oportunidade de realizar uma observação (de bebês), método Bick (1986), em minha especialização como psiquiatra, sob a orientação de David Zimmer-

---

\* Sem título, poema inédito.

mann, tarimbado professor que sentia a importância de tal atividade para a formação psiquiátrica e empreendia a tradução em língua portuguesa dos primeiros textos sobre a matéria. Ele sentia o quanto um bebê era necessário para ouvir um adulto. Depois, fui à Paris para praticar o desapego e, como isso não se faz sem poesia, vali-me dos poemas franceses, com a carne nas páginas de Apollinaire, Rimbaud, Mallarmé. Mas descobri com os psicanalistas de lá, no trabalho clínico com bebês, a poesia presente nas páginas da carne em busca de alma.

Ao realizar uma especialização em psiquiatria infantil, com Philippe Mazet, Bernard Golse e Serge Lebovici, na Universidade de Paris, tive a oportunidade de acompanhá-los em consultas terapêuticas com os bebês e suas famílias. Era realmente impressionante testemunhar a criatividade dos jovens discípulos e do mestre Lebovici, no final de sua vida, e o quanto a teoria, prolífica na França, acompanhava a clínica. Realçamos aqui a importância da integração das abordagens objetivas, provenientes da psicologia do desenvolvimento e das neurociências, com as subjetivas, provenientes da psicanálise, conforme aparece abertamente no primeiro capítulo e, sutilmente, em todos os demais.

A realçar também a importância de encontros de qualidade, munidos de interações lúdicas (narrativas) e respeitosas do ritmo entre um e outro. Tudo se decide ali ou, conforme a expressão do Winnicott, tudo começa em casa. Com prosódia. Com música. A escola é uma segunda chance de (re)construir a intersubjetividade, no desenvolvimento do senso do bebê nuclear (Stern). Houvesse uma síntese possível para o nosso trabalho, seria esta: a escola como a grande oportunidade para a refazenda das capacidades intersubjetivas.

Haveria uma pá de aspectos importantes para recuperar entre os que constam (e cantam) ao longo deste livro, mas não poderosos o suficiente para encerrar um texto que, no final, reencontra o seu começo. Eterno recomeço, lá onde foi poesia, a casa onde toda aprendizagem costuma começar e recomeçar:

>Educar não é educar
>pregar não prega
>tourear de frente
>é morte certa
>só aprende

o que sente
e é indireto
por só viver:

este poema
não ensina.

salvo se
esquece
que é
poema

a morte
(não aprende)
odeia monstro

o monstro ensina
a pensar e prepara
mas só sentir junto

entre pausas
sons, ruídos
traz algum sentido.*

---

\* *Sentir para dar sentido*, poema inédito.

# POSFÁCIO
## A HISTÓRIA DA ESCOLA IMPORTANTE

A escola é uma segunda chance de escrever a nossa história, com tudo o que ela representa, entre tantas figuras de apego que é capaz de oferecer. O seu espectro amplo vai do fraterno, que são os colegas, ao parental, que são os professores e os demais funcionários. Hoje volto à escola como escritor, participando de vários projetos de fomento à leitura, como o Adote (um Escritor) e o Lendo para Valer. Ali reorganizo as minhas figuras de apego e me relanço ouvindo novas histórias. E, como disse um autor dos mais graúdos, nunca está pronta a nossa edição final.

Dia desses, na Escola Municipal Emilio Meyer, ouvi um relato que está ecoando em mim até agora. Ele me foi contado pela professora e bibliotecária Marisa Motta Ravanello, que me recebeu para um encontro do Adote. O caso se deu quando a Marisa trabalhava na Chapéu do Sol, uma escola pública de Belém Novo, onde também já estive fomentando leitores e apegos, desses que nos relançam. A mãe de uma criança de 7 anos tinha mandado o filho para a casa de uma tia, no centro da cidade. Levou-o ao ponto de ônibus, na faixa de terra batida, deu todas as instruções ao rebento, mas algo falhou na comunicação. Ele desceu no ponto errado e ali se perdeu completamente. Tentando se achar, o menino pequeno andou a esmo pela

cidade grande, indo parar na Medianeira, onde seu choro prolongado foi acudido por um policial.
– Qual o seu nome? – perguntou o homem.
O nome ele sabia, mas não o sobrenome. O mesmo valia para o da mãe e o do pai; o bairro em que morava, nem isso. O policial também ficou meio perdido e pensou em acionar o conselho tutelar. Nesta hora, foi orientado pelo menino, que falou com voz bem firme:
– O nome da minha professora eu sei completo.
Pronunciou-o inteiro, seguido do da escola, a quem o policial contatou de imediato. Foi atendido pela orientadora e daí a ser levado de volta para casa foi esperar a primeira viatura disponível.
O relato da Marisa me pareceu substantivo e dispensar explicações interpretativas, onde qualquer adjetivo sobraria. Ainda assim, arrisco alguma redundância para encerrar dizendo que, entre as histórias oferecidas por uma escola, nenhuma supera a da sua própria importância na vida de muitos de nós.
Corrigindo, ao modo de um professor: na de todos nós.

# ADENDO DE POSFÁCIO
# A GARÇA E O ALUNO

> "O dizer do poeta se inicia como silêncio, esterilidade e secura."
>
> Octavio Paz

É maravilhosa a pesca de uma garça. Arte pura, como a dança dos humanos ou do fogo. São movimentos cadenciados, em harmonia, sem desperdício de gesto nenhum. Seu olhar é como o de uma águia, mas é uma garça que não abre mão e patas e asas para executar a sua arte, mesmo em pleno exercício de sobrevivência.

Seu voo é objeto de consumo da atuação dos melhores coreógrafos: nada falta, nada sobra, tudo está na medida e expressa muito. Evoca a mãe que alimenta o seu bebê transcendendo a comida que concede e imprimindo graça (de garça) e melodia à refeição. Agora, nada mais é concreto, e tudo alcança o patamar de uma metáfora, palco de futuros deslocamentos, quando o voo em si tiver terminado, mas não o desejo de seguir voando.

Já o socó não precisava de tantas manobras. O seu processo era muito mais rudimentar. Alimentava-se tão somente de peixes mortos, logo, não havia necessidade de ajeitar um movimento no outro. Menos desafio de tempo, cadência, mutualidade. Um jeito mais simples de fazer a coisa de sobreviver, incluindo a possibilidade da feiura. Mas calhou de estar junto com a garça e, durante longo tempo, observou-a. Não satisfeito em estar junto e contemplar, resolveu imitar, fazendo de forma igual e diversa, ou seja, a seu jeito inspirado no alheio.

Resultado: o socó aprendeu com a garça. Hoje é capaz de pescar como ela e quem o observa sente o mesmo arrebatamento. Não tem a elegância de uma garça, pois tem a elegância de um socó. A ela acrescenta-se a história do processo de uma aprendizagem, fruto da contemplação – e da incorporação – da beleza e do contágio caloroso de um entusiasmo.

Observar a dança do socó arrebata e, juntando a sua história ao que contemplamos, aqui e agora, oferece também aquele patamar de deslocamento da metáfora. Aprendi-o nos molhes da Barra da Lagoa, Santa Catarina, em um fim de tarde ventoso e pouco colorido, quando contemplava garças e socós, ao lado de um velho pescador. Tão velho que agora pouco saía, nos barcos iluminados, para pescar as lulas. Por isso, estava ali, junto às pedras, transmitindo em palavras para quem quisesse aprender. Eu queria. Eu aprendi.

Estava encerrando o livro, mas deu tempo para um adendo de posfácio nesta obra em que abordamos a tragédia relacional de uma mãe deprimida. Não porque não vá passar a depressão, como podem passar as infecções, com ou sem medicamentos, mas porque, na vigência dela, o bebê deixará de contar com a observação da arte e o sentimento do entusiasmo alheio para aprender por si.

Professoras e professores precisam manter seu voo de garça, para que cada aluno-socó usufrua da beleza de voar no que se aprende.

# REFERÊNCIAS QUE ENSINARAM

Abraham, N., & Torok, M. (1995). *A casca e o núcleo*. Escuta. Obra original publicada em 1987.

Altman, M. (1998). *Juegos de amor y magia entre la madre y su bebé*. Unicef.

Andrade, C. D. de. (2012). *Antologia poética*. Companhia das Letras.

Andrade, C. D. de. (1984). *Corpo*. Record.

Andrade, C. D. de. (2005). *A palavra mágica*. Record.

Andrade, M. de. (1982). *A lição do amigo: Cartas de Mário de Andrade e Carlos Drummond de Andrade*. José Olympio.

Anzieu, D. (1988). *O Eu-pele*. Casa do Psicólogo.

Apollinaire, G. (2013). *O flâneur das duas margens*. José Olympio.

Aulagnier, P. (1979). *A violência da interpretação: Do pictograma ao enunciado*. Imago.

Aulagnier, P. (1991). Construir(se) un passado. *Psicoanálisis, 18*(3), 441-468.

Ayrault, J., Bonnafé, M., Rolles, J., & Rosso C. (1994). *Livre et petite enfance: Récits d'expériences en Ile-de-France*. A.C.C.E.S.

Azevedo, G. (1981). Inclinações musicais. In *Inclinações musicais* [Álbum]. Universal Discos.

Bachelard, G. (1993). *La Poétique de la rêverie*. Quadrige.

Bachmann, I. (2020). *O tempo adiado e outros poemas*. Todavia.

Balint, A. (2022). *Psicanálise da infância*. Razzah.

Bandeira, M. (1983). *Estrela da vida inteira*. José Olympio.

Barros, M. de. (2013). *Poesia completa*. Leya.

Bei, A. (2021). *Pequena coreografia do adeus*. Companhia das Letras.

Belchior. (1979). Conheço o meu lugar. In *Belchior* [Álbum]. WEA Discos.

Bettelheim, B. (1976). *Psychanalyse des contes de fées*. Robert Laffont.

Bettelheim, B., & Rosenfeld, A. (1995). *Dans les chaussures d'un autre: la psychothérapie: Art de l'évidence*. Robbert Laffont.

Bettelheim, B., & Zelan, K. (1984). *Psicanálise da alfabetização: Um estudo psicanalítico do ato de ler e aprender*. Artes Médicas.

Bick, E. (1986). Considérations ultérieures sur la function de la peau dans lês relations d'objets précoces. In M. H. Williams, *Les écrits de Martha Harris et d'Esther Bick*. Hublot.

Bion, W. R. (1962). *Aux sources de l'expérience*. Puf.

Bion, W. R. (1963). *Eléments de la psychanalyse*. Puf.

Bonnafé, M. (1994). *Les Livres, c'est bon pour les bébés*. Calmann-Lévy.

Bowlby, J. (1973). *Attachement et perte: La separation: Angoisse et colère* (Vol. 2). Puf.

Bowlby, J. (1979). *Vínculos afectivos: Formación, desarrollo y perdida*. Morata.

Bragança, M. A. (2022). *Coletânea conexões atlânticas*. In-Finita.

Brasil, L. A. de A. (2019). *Escrever ficção: Um manual de criação literária*. Companhia das Letras.

Brazelton, T. B. (1981). *O desenvolvimento do apego: Uma família em formação*. Artes Médicas.

Brazelton, T. B., & Cramer, B. (1989). *A relação mais precoce*. Terramar.

Brodacz, F. (2013). *Da guerra ao porto alegre: Memórias de Simcha Brodacz*. Luminara.

Bruner, J. (1997). *Atos de significação*. Artmed.

Buarque, C. (2005). *Chapeuzinho amarelo*. José Olympio.

Bydlowski, M. (1997). *La dette de vie: Itinéraire psychanalytique de la maternité*. Puf.

Cairuga, R. R.., Castro, M. C. de, & Costa, M. R. da. (2014). *Bebês na escola: Observação, sensibilidade e experiências essenciais*. Mediação.

Carpi, M. (2023). *A Esperança contra a esperança*. Age.

Carpinejar, F. (2007). *Meu filho, minha filha*. Bertrand Brasil.

Cavafy, C. (1958). *Poèmes*. Gallimard.

Cavalcante, J. A., Neto. (1996). Espumas ao vento. In *Meu forró* [Álbum]. BMG Brasil.

Cavalcanti, G. H. (2012). *A herança de Apolo: Poesia poeta poema*. Civilização Brasileira.

Cazaux, H. (1997). Les contes jouent un rôle pédagogique. *Mouv'ance, 58*, 8-9.

Chiland, C. (1971). *L'enfant de six ans et son avenir*. PUF.

Chouchena, O., Rebeaud, B., Rossel, S., & Halfon, O. (1997). "Je peux lire?" Enseignement spécialisé et atelier contes dans le cadre d'une prise en charge en Centre Thérapeutique de Jour pour Enfants. *Neuropsychiatrie de l'Enfance et de l'Adolescence, 45*(9), 509-517.

Ciccone, A. (2007, Agosto). *Naissance à la pensée et partage d'affects*. Apresentado no Colóquio Vinculos Tempranos, Clinica y Desarrollo Infantil. Montevidéu.

Civitarese, G. (2020). I and you. *The International Journal of Pshychoanalysis, 101*(1), 217-221.

Constantino, G., Malgaldy, R. G., & Lloyd, H. R. (1986). Cuento therapy: A culturally sensitive modality for puerto rican children. *Journal of Consulting and Clinical Psychology, 54*(5), 639-645.

Couto, M. (2012). *E se Obama fosse africano?* Companhia das Letras.

Cramer, B., & Palacio-Espaza, F. (1993). *La pratique des psychothérapies mères-bébés*, Puf.

Cruz, A. (2020). *Vamos comprar um poeta*. Dublinense.

Cunha, M. A. A. (1991). *Literatura infantil: Teoria & prática*. Ática.

De Litvan, M. A. (1998). *Juegos de amor y magia entre la madre y su bebé*. Unicef.

De Plaen, S., Moro, M.-R., & Pinon-Rousseau, D. (1998), L'enfant qui avait une mémoire de vieux... Un dispositif de soins à recréer pour chaque enfant de migrants. *Prisme, 8*(3), 44-76.

Debray, R. (1988). *Bebês/mães em revolta: Tratamentos psicanalíticos conjuntos dos desequilíbrios psicossomáticos precoces*. Artes Médicas.

Diatkine, R. (1994). *L'enfant dans l'adulte ou l'éternelle capacité de rêverie*. Delachaux et Niestlé.

Duclós, N. (2013, Agosto 1). Atleta de abismos. *Outubro*. https://outubro.blogspot.com/2013/08/atleta-de-abismos.html

Duvillié, R. (1997). Du coté de l'ethnopsychiatrie: Débat: Les doigts pleins d'encre. *Migrants-Formation, 110*, 171-183.

Eller, C. (1999). O segundo sol. In *Com você... Meu mundo ficaria completo* [Álbum]. Universal Music.

Ferenczi, S. (1918). La psychologie du conte. In S. Ferenczi, *Oeuvres completes* (pp. 302-303). Payot.

Fernández, A. (2001). *O saber em jogo: A psicopedagogia propiciando autorias de pensamento*. Artmed.

Ferreira, M. H. M., & Araújo, M. S. (1996). Psicodinâmica na sala de aula. In P. B. Sukiennik (Org.), *O aluno problema: Transtornos emocionais de crianças e adolescentes*. Mercado Aberto.

Flesler, A. (2012). *A psicanálise de crianças e o lugar dos pais*. Zahar.

Folch Mateu, P. (2023). *The poetry of the word in psychoanalysis: Selected papers of Pere Folch Mateu*. Routledge.

Fonagy, P. (2001). *Théorie de l'attachement et psychanalyse*. Erès.

Fraiberg, S. (1999). *Fantômes dans la chambre d'enfants*. Puf.

Freud, S. (1996). Leonardo da Vinci e uma lembrança da sua infância. In S. Freud, *Edição standard brasileira das obras psicológicas completas de Sigmund Freud* (Vol. 11). Imago. Trabalho original publicado em 1910.

Freud, S. (1996a). O Moisés de Michelangelo. In S. Freud, *Edição standard brasileira das obras psicológicas completas de Sigmund Freud* (Vol. 13, pp. 142-161). Imago. Trabalho original publicado em 1914.

Freud, S. (1996b). Inibições, sintomas e ansiedade. In S. Freud, *Edição standard brasileira das obras psicológicas completas de Sigmund Freud* (Vol. 20, pp. 107-108). Imago. Trabalho original publicado em 1926.

Freud, S. (1996c). Três ensaios sobre a teoria da sexualidade. In S. Freud, *Edição standard brasileira das obras psicológicas completas de Sigmund Freud* (Vol. 6). Imago. Trabalho original publicado em 1905.

Freud, S. (1996d). O esclarecimento sexual das crianças. In S. Freud, *Edição standard brasileira das obras psicológicas completas de Sigmund Freud* (Vol. 9, pp. 135-144). Imago. Trabalho original publicado em 1907.

Freud, S. (1996e). Sobre as teorias sexuais das crianças. In S. Freud, *Edição standard brasileira das obras psicológicas completas de Sigmund Freud* (Vol. 9, pp. 211-228). Imago. Trabalho original publicado em 1908.

Freud, S. (1996f). A dinâmica da transferência. In S. Freud, *Edição standard brasileira das obras psicológicas completas de Sigmund Freud* (Vol. 12, pp. 107-119). Imago. Trabalho original publicado em 1912.

Freud, S. (1996f). Escritores criativos e devaneio. In S. Freud, *edição standard brasileira das obras psicológicas completas de Sigmund Freud* (Vol. 9, pp. 131-143). Imago. Trabalho original publicado em 1908.

Freud, S. (1996g). Além do princípio do prazer. In S. Freud, *Edição standard brasileira das obras psicológicas completas de Sigmund Freud* (Vol. 18, pp. 12-85). Imago. Trabalho original publicado em 1920.

Freud, S. (1996h). Romances familiares. In S. Freud, *Edição standard brasileira das obras psicológicas completas de Sigmund Freud* (Vol. 9, pp. 127-130). Imago. Trabalho original publicado em 1909.

Freud, S. (1996i). Duas histórias clínicas (o "Pequeno Hans" e "O Homem dos Ratos"). In S. Freud, *Edição standard brasileira das obras psicológicas completas de Sigmund Freud* (Vol. 10). Imago. Trabalho original publicado em 1909.

Freud, S. (2004). À guisa de introdução ao narcisismo. In S. Freud, *Escritos sobre a psicologia do inconsciente* (Vol. 1, pp. 95-131). Imago. Trabalho original publicado em 1914.

Freud, S., & Breuer, J. (2016). Estudos sobre a histeria. In S. Freud, *Edição standard brasileira das obras psicológicas completas de Sigmund Freud* (Vol. 2). Companhia das Letras. Trabalho original publicado em 1893.

Galeano, E. (2012). *Os filhos dos dias*. L&PM.

Gauger, H.-M. (1994), O estilo de Nietzsche: Exemplo: Ecce Homo. In C. Türcke (Coord.), *Nietzsche: Uma provocação*. Goethe Institut.

Genta, F. (2021, March 13). Le moment poétique en séance comme possible émergence du O Bionien. *Conference at the Swiss Society of Psychoanalysis*.

Gillig, J.-M. (1997). *Le conte en pédagogie et en rééducation*. Dunod

Golse, B. (1999). *Du corps à la pensée*. Puf.

Golse, B. (2006). *L´être-bébé*. Puf.

Golse, B. (2019). *Les destins du développement chez l´enfant*. Érès.

Golse, B., & Amy, G. (2020). *Bebês, maestros, uma dança das mãos*. Instituto Langage.

Gómez Mango, E. (1999). *Vida e muerte en la literatura: Literatura y psicoanálisis*. Trilce.

Gómez Mango, E. (2009). *Un muet dans la langue*. Gallimard.

Graña, R. (2023). *Deleuze ou os devires da psicanálise*. Literatura em Cena.

Gratier, M. (2017). A melodia antes das palavras? O papel da voz nas primeiras trocas sociais do bebê. In E. Parlato-Oliveira, & D. Cohen (Orgs.), *O bebê e o outro: Seu entorno e interações*. Instituto Langage.

Green, A. (1994). *O desligamento: Psicanálise, antropologia e literatura*. Imago.

Grossman, D. (2008). *Desvario*. Companhia das Letras.

Grossman, D. (2012). *Fora do tempo*. Companhia das Letras.

Guerin, C. (1981). Le conte comme élément de la fonction conteneur. *Bulletin de Psychologie, 34*(350), 557-563.

Guerin, C. (1984). Le conte et la fonction conteneur. In R. Kaës, *Contes et divans: Médiation du conte dans la vie psychique* (pp. 81-134). Dunod.

Guerra, V. (2022). *Vida psíquica do bebê: A parentalidade e os processos de subjetivação*. Blucher.

Gulin, T. (2011). Cinema americano. In *ôÔÔôôÔôÔ* [Álbum]. Som Livre.

Gullar, F. (2015). *Poemas escolhidos*. Nova Fronteira.

Gurfinkel, D. (2017), *Relações de objeto*. Blucher.

Gutfreind, C. (2023). *O auge de minha coragem é quando não ando sozinho*. Artes & Ecos.

Gutfreind, C. (1988). *A Gema e o Amarelo*. Tchê!

Gutfreind, C. (1991). *Hotelzinho da Sertório*. Secretaria Municipal da Cultura de Porto Alegre.

Gutfreind, C. (1995). *Retrato falante*. Tchê!

Gutfreind, C. (1999). "Les sorcieres font du bien à la santé" ou de l'utilisation du conte comme outil thérapeutique pour des enfants. *Synapse, 159*, 19-22.

Gutfreind, C. (2004). *A primeira palavra*. Dimensão.

Gutfreind, C. (2008). *As duas análises de uma fobia em um menino de cinco anos: O pequeno Hans: A psicanálise da criança ontem e hoje*. Civilização Brasileira.

Gutfreind, C. (2012). *A dança das palavras: Poesia e narrativa para pais e professores*. Artes & Ofícios.

Gutfreind, C. (2013). *Em defesa de certa desordem*. Artes & Ofícios.

Gutfreind, C. (2017). *Tesouro secundário*. Artes & Ecos.

Gutfreind, C. (2019). *A arte de tratar: Por uma psicanálise estética*. Artmed.

Gutfreind, C. (2020). *O terapeuta e o lobo: O conto na clínica e na escola*. Artmed.

Hecker, P., Filho. (1995). *Ver o mundo*. Alameda.

Hecker, P., Filho. (2014). *Poesia reunida*. Instituto Estadual do Livro.

Hétier, R. (1999). *Contes et violence: Enfants et adultes face aux valeurs sous-jacentes du conte*. Puf.

Honigsztejn, H. (1990). *A psicologia da criação*. Imago.

Horenstein, M. (2021). *Conversaciones de diván*. La Fabrica.

Iaconelli, V. (2023). *Manifesto antimaternalista*. Zahar.

Klein, M. (1923). L'analyse de jeunes enfants. In M. Klein, *Essais de psychanalyse (1921-1945)*. Payot.

Klein, M. (1929). La personnification dans le jeu des enfants. In M. Klein, *Essais de psychanalyse*. Payot.

Klein, M. (1967). L'importance de la formation du symbole dans le développement du moi. In M. Klein, *Essais de psychanalyse (1921-1945)*. Payot. Obra original publicada em 1930.

Konicheckis, A. (2005). Le récit comme une berceuse. Profondeur et temporalité psychique. In B. Golse, & S. Missonnier (Dir.), *Récit, attachement et psychanalyse: Pour une clinique de la narrativité*. Erès.

Korff-Sausse, S. (2005). Emergence de la forme dans la clinique et l´esthétique. *Recherches en Psychanalyse, 1*(3), 97-109.

Krenak, A. (2022). *Futuro ancestral*. Companhia das Letras.

Kristeva, J. (1988a). *Histórias de amor*. Paz e Terra.

Kristeva, J. (1988b). *Étrangers à nous-mêmes*. Gallimard.

Kristeva, J., & Sollers, P. (2019). *Del matrimonio como una de las bellas artes*. Interzona.

Lacan, J. (1949). Le stade du miroir comme formateur de la fonction du Jeu telle qu'elle nous est révélée dans l'expérience psychanalytique. *Revue Française de Psychanalyse, 13*(4), 449-455.

Lafforgue, P. (1995). *Petit poucet deviendra grand: Le travail du conte*. Mollat.

Langer, S. K. (2004). *Filosofia em nova chave*. Perspectiva.

Laplanche, J. (1961). *Hölderlin et la question du père*. Puf. 1984.

Lasnik, M. C., & Pelabon, C. (2017). Caso clínico de um bebê a risco de autismo: Leo e "la vraie vie". In E. Parlato-Oliveira, & D. Cohen (Orgs.), *O bebê e o outro: Seu entorno e interações*. Instituto Langage.

Lebovici, S. (1987). *O bebê, a mãe e o psicanalista*. Artes Médicas.

Lebovici, S. (1998). *L'arbre de vie: Eléments de la psychopathologie du bébé*. Érès.

Lebovici, S. (2002). *Le bébé, le psychanalyste et la métaphore*. Odile Jacob.

Lebovici, S., & Diatkine, R. (2002). *Significado e função do brinquedo na criança*. Artmed.

Lee, R. (2003). Hino dos malucos. In *Balacobaco* [Álbum]. Som Livre.

Leminski, P. (1987). *Caprichos e relaxos*. Círculo do Livro.

Lisbôa, R. (No prelo). *Minhas vozes*. Unesp.

Loiseau, S. (1992). *Les pouvoirs du conte*. Puf.

Mahler, M. S., Pine, F., & Bergman, A. (1993). *O nascimento psicológico da criança*. Artmed.

Maistre-Chabrol, C. (2018). *Chabrol, l'anticonformiste* [Documentário]. Arte France, Plan B et Compagnie.

Mallarmé, S. (2023). *Poésies*. De Vive Voix.

McDougall, J. (1983). *Em defesa de uma certa anormalidade: Teoria e clínica psicanalítica*. Artes Médicas.

Meireles, C. (1990). *Ou isto ou aquilo*. Nova Fronteira.

Mello, T. de. (2023). *Mormaço na floresta*. Global.

Meltzer, D., & Williams, M. H. (1994). *A apreensão do belo: O papel do conflito estético no desenvolvimento, na violência e na arte*. Imago.

Millot, C. (2004). *Gide Genet Mishima: Inteligência da perversão*. Companhia de Freud.

Mills, J. C., & Crowley, R. J. (1986). *Therapeutic metaphors for children and the child within*. Routledge.

Mills, J. C., & Crowley, R. J. (1995). *Métaphores thérapeutiques pour enfants*. Desclée de Brouwer.

Milner, M. (1991). *A loucura suprimida do homem são: Quarenta e quatro anos explorando a psicanálise*. Imago.

Missonnier, S., & Golse, B. (2021). *Le foetus/bébé au regard de la psychanalyse: Vers une métapsychologie périnatale*. Puf.

Moisés, C. F. (2019). *Poesia para quê? A função social da poesia e do poeta*. Unesp.

Moro, M.-R. (1991). Essai d'analyse des propositions thérapeutiques spécifiques en entretien ethnopsychiatrique mère-enfant. *Psychologie Française, 36*(4), 307-322

Moro, M.-R. (1994). *Parents en exil: Psychopathologie et migrations*. Puf.

Naffah, A., Neto. (1994). *A psicoterapia em busca de Dioniso*. Escuta.

Neruda, P. (1971). *Ainda*. José Olympio.

Neruda, P. (2007). *Memorial de Isla Negra*. L&PM.

Nietzsche, F. (1992). *Ecce homo: (Como Cheguei a Ser o que Sou)*. Ediouro.

Nietzsche, F. (2017). *Crepúsculo dos ídolos*. Nova Fronteira.

Os Mutantes. (1969). Qualquer bobagem. In *Mutantes* [Álbum]. Polydor Records.

Paín, S. (1985). *Diagnóstico e tratamento dos problemas de aprendizagem*. Artmed.

Palacio-Espasa, F. (1993). *La pratique psychothérapique avec l'enfant*. Bayard.

Parlato-Oliveira, E. (2017). A importância da voz nos primórdios da constituição. In E. Parlato-Oliveira, & D. Cohen (Orgs.), *O bebê e o outro: Seu entorno e interações*. Instituto Langage.

Parlato-Oliveira, E. (2023). *Psicanálise de bebês: a tessitura do futuro desde a origem*. Atividade inaugural da Diretoria da Área de Infância e da Adolescência, da Sociedade Psicanalítica de Porto Alegre.

Parlato-Oliveira, E., & Cohen, D. (2017). *O bebê e o outro: Seu entorno e interações*. Instituto Langage.

Pavlovsky, E. (1990). *Espacios y creatividad*. Busqueda. Trabalho original publicado em 1980.

Paz, O. (1982). *O arco e a lira*. Nova Fronteira.

Péju, P. (1989). *L'archipel des contes*. Aubier.

Pinedo, M. P. de A. (2023). *A função do ritmo na relação pais-bebês: Uma visão psicanalítica*. Blucher.

Prat, R. (2007). L´epaisseur du langage: Comment vient-elle au bebé? *Enfances & Psy*, *3*(36), 10-19.

Propp, V. (1970). *Morphologie du conte*. Seuil. Obra original publicada em 1928.

Quintana, M. (2005). *Melhores poemas*. Global.

Ramil, V. (1980). Estrela, estrela. In *Estrela, estrela* [Álbum]. Satolep Music.

Rank, O. (2013). *O duplo: Um estudo psicanalítico*. Dublinense.

Rank, O. (2023). *Poesia e mito: Os textos que Freud baniu de A interpretação dos sonhos*. Blucher.

Restano, A., Bueno, B., Spritzer, D., Potter, J., & Moreira, L. (2023). *Crianças bem conectadas: Como o uso consciente da tecnologia pode se tornar um aliado da família e da escola*. Maquinaria.

Ricoeur, P. (2010). *Tempo e narrativa*. Martins Fontes.

Rodrigué, E. (2006). *Separações necessárias: Memórias*. Companhia de Freud.

Romão, L. (2021). *Também guardamos pedras aqui*. Nós.

Rosa, G. (2019). *Grande sertão: Veredas*. Companhia das Letras.

Roussillon, R. (2022). Epílogo. In V. Guerra, *Vida psíquica do bebê: A parentalidade e os processos de subjetivação*. Blucher.

Safra, G. (1999). *A face estética do self: Teoria e clínica*. Unimarco.

Saint-Exupéry, A. de. (1997). *Le petit prince*. Gallimard. Obra original publicada em 1946.

Salinger, J. D. (1945). *O apanhador no campo de centeio*. Editora do Autor.

Sampaio, S. (1976). Cada lugar na sua coisa. In *Tem que acontecer* [Álbum]. Discobertas.

Secos & Molhados. (1973). Fala. In *Secos & Molhados* [Álbum]. Continental.

Segal, H. (1970). Notes sur la formation du symbole. *Revue Française de Psychanalyse*, 34(4), 685-696.

Seixas, R. (1974). Gita. In *Gita* [Álbum]. Philips Records.

Silva, J. M. da. (2023). *Escola da complexidade: Escola da diversidade: Pedagogia da Comunicação*. L&PM.

Simonnet, P. (1997). *Le conte et la nature: Essai sur les médiations symboliques*. L'Harmattan.

Sosa, M. (1983). La maza. In *Mercedes Sosa* [Álbum]. Philips.

Spitz, R. (1976). *De la naissance à la parole: La première année de la vie*. Puf.

Stern, D. (1991). *Diário de um bebê: O que seu filho vê, sente e vivencia*. Artes Médicas.

Stern, D. (1992). *O mundo interpessoal do bebê*. Artes Médicas.

Stern, D. (1993). L'enveloppe prénarrative. *Journal de la Psychanalyse de L'enfant*, 14, 13-65.

Stern, D. (1997). *La constellation maternelle*. Calmann-Lévy.

Suy, A. (2023). *Não pise no meu vazio: Ou o livro do vazio*. Planeta.

Tatit, L. (2000). O meio. In *O meio* [Álbum]. Dabliú Discos.

Telles, S. (2023). *Fragmentos clínicos de psicanálise*. Blucher.

Teperman, D. W. (2014). *Família, parentalidade e época: Um estudo psicanalítico*. Escuta.

Terrassier, J.-C. (1999). *Les enfants surdoués ou la précocité embarrassante*. ESF. Obra original publicada em 1981.

Tezza, C. (2007). *O filho eterno*. Record.

Thomassaint, J. (1991). *Conte et (ré)éducation*. Chronique.

Tokarczuk, O. (2023). *Escrever é muito perigoso: Ensaios e conferências*. Todavia.

Trachtenberg, A. R. C. (2023). *Transgeracionalidade/intergeracionalidade: Holocausto e dores sociais*. Blucher.

Trevarthen, C., Aitken, K. J., & Gratier, M. (2019). *O bebê nosso professor*. Instituto Langage.

Veloso, C. (1978). Quem cochicha o rabo espicha. In *Muito: Dentro da estrela azulada* [Álbum]. Philips Records.

Veloso, C. (1981). Nu com a minha música. In *Outras palavras* [Álbum]. Philips Records.

Vitale, I. (2021). *Tiempo sin claves*. Estuario.

Walz, J. (2023). *Cuidar não é educar*. Edição do Autor.

Whitman, W. (2019). *Dias exemplares*. Carambaia.

Willaume, A. (1994). Contes et pensée: Un atelier de littérature à l'école. *Rééducation Orthophonique, 33*(180), 319-343.

Winnicott, D. W. (1969). *De la pédiatrie à la psychanalyse*. Payot.

Winnicott, D. W. (1969). Objets transitionnels et phénomènes transitionnels: Une étude de la première possession non moi. In D. W. Winnicott, *De la pédiatrie à la psychanalyse*. Payot. Trabalho original publicado em 1951.

Winnicott, D. W. (1975). *Jeu et réalité: L'espace potentiel*. Gallimard. Trabalho original publicado em 1971.

Winnicott, D. W. (1994). O jogo do rabisco. In C. Winnicott, R. Shepherd, & M. Davis (Orgs.), *Explorações psicanalíticas*. Artes Médicas.

Winnicott, D. W. (1999). *O bebê e suas mães*. Martins Fontes.

Winnicott, D. W. (2002). *Los procesos de maduración y el ambiente facilitador: Estudios para una teoría del desarrollo emocional*. Paidós. Trabalho original publicado em 1965.

Winnicott, D. W. (2011). O primeiro ano de vida: Concepções modernas do desenvolvimento emocional. In D. W. Winnicott, *Família e desenvolvimento individual*. Martins Fontes. Trabalho original publicado em 1958.

Winnicott, D. W. (2011). O relacionamento inicial entre uma mãe e seu bebê. In D. W. Winnicott, *Família e desenvolvimento individual*. Martins Fontes. Trabalho original publicado em 1960.

Zé, T. (2014). Geração y. In *Vira Lata na Via Láctea* [Álbum]. Tom Zé.